教师的挑战

宁静的课堂革命

佐藤学◎著　钟启泉　陈静静 ◎译

华东师范大学出版社

KYOSHITACHI NO CHOSEN - JUGYO O TSUKURU, MANABI GA

KAWARU

by Manabu SATO

© 2003 Manabu SATO

All rights reserved.

Original Japanese edition published by SHOGAKUKAN.

Chinese translation rights in China (excluding Hong Kong, Macao

and Taiwan) arranged with SHOGAKUKAN

through Shanghai Viz Communication Inc.

上海市版权局著作权合同登记　图字：09－2012－072 号

目录

第二章 | 个体与个体的链接

第五章 ｜ 创造合作学习课堂——国外案例

中文版序

　　本书旨在报告我所观察、记录的教师们以学习为中心的教学实践的挑战,在此提示了创造"学习共同体"教学的要点。现在,全世界学校的课堂中都在进行着"宁静革命"。全世界的课堂都在由"教授的场所"转换为"学习的场所";从以"目标——达成——评价"为单位的程序型课程转变为以"主题——探究——表现"为单位的项目型课程;从班级授课的模式转向合作学习的模式;学校不仅仅是儿童们合作学习、共同成长的所在,而且还是教师们作为教学实践专家的共同学习和成长的所在。本书记录了在课堂上"宁静革命"以及日本教师们创造性教学实践的挑战。

　　与日本相比中国课堂中"宁静革命"发展更为迅猛,而且在教学改革中取得了丰硕成果。在本书完成后不久(2003 年),我有幸获得在人民大会堂演讲的殊荣,以此为契机,我开始与中国各地的教育行政人员、教育学者和教师们进行深入的交流,从中得知中国学校改革的推进比日本更加迅速,更为广泛。自此以后,我每年造访中国,参观了北京、上海、西安、咸阳、哈尔滨、常州等地的许多学校和课堂,中国的教师对教学改革的真挚而热切的挑战让我感受至深。中国的课堂中"宁静革命"已经从规模上"量"的扩张逐步发展到"质"的提升阶段。

　　事实上,十年间,我参访了欧美和亚洲近十五个国家,见识了这些国家的学校改革的现状。我确信,中国是最为积极推进学校和课堂改革的国家之一,而且也是改革最为成功的国家之一。我以为,改革成功的最大秘诀是教师们每个人的创造性教学实践的挑战。从这个意义上说,这本《教师的挑战》与之前的《学校的挑战》是一脉相承的,两本书相继译成中文并出版令我倍感喜悦。这十年间,我对中国的学校改革和教学改革进行了详尽的了解,我确信本书能够成为中、日两国教师课堂实践交流的桥梁和纽带。

　　与之前的《学校的挑战》一样,本书也是由我所敬重的华东师范大学的钟启泉教授翻译，并在中国出版的。与钟启泉教授的三十年挚交友谊以及将我的著作和论文交由钟教授来翻译是我的无上荣幸。本书的另一位译者陈静静博士是一位年轻而优秀的研究者，她曾经在我的研究室学习一年，并圆满地完成了博士论文。本书的翻译得益于钟启泉教授和陈静静博士的努力，在此对两位的付出深表谢忱，并向出版、发行本书以及之前的《学校的挑战》的华东师范大学出版社表示感谢。十年间，我曾参访过中国的很多学校，并与中国无数教师结成了同志般的友谊，找希望通过本书使这种同志般的友谊进一步走向深入。

佐藤学

2011 年 10 月

序　以学习为中心的教学创造

一、宁静的革命

教室一般是由大同小异的空间构成的。然而,不管观摩哪一间教室,都会感受到各自不同的气息,在不同的交往中产生不同的事件。这是为什么?

2003 年 1 月 24 日,在东京都练马区丰玉南小学三年级滨野高秋老师的教室里,我站在一个角落进行课堂录像,此时我预感到这一天的教学观摩又将是一次令人难忘的珍贵经历。

以往观摩的近 1 万间教室都拥有各自不同的特色,同时也表现出共同的改革追求。这种改革的浪潮是与超越了课堂、超越了学校边界、超越了国境的、正在进行中的宁静的革命联系在一起的。

这种宁静的革命,在学习方式上表现为从各自呆坐的学习走向活动性的学习,从习得、记忆、巩固的学习转向探究、反思、表达的学习;在教学的方式上表现为从传递、讲解、评价的教学转向触发、交流、分享的教学。这种革命不仅在日本,而且在世界各国的课堂里正波澜壮阔地展开。实际上,欧美各国的课堂改革潮流更是浩浩荡荡,势不可当。

可以毫不夸张地说,除了包括日本在内的东亚国家和地区之外,那种以黑板和讲台为中心、众多儿童整齐划一地排坐的课堂,以学科为中心、让儿童习得教师所传递的知识、技能,然后借助考试来加以评价的教学方式已经进入历史博物馆了。参访欧美诸多国家的课堂,20 名左右的儿童分成四五人的小组围坐在一张课桌边,展开合作学习,教师以课堂学习的设计师或是儿童学习的促进者的姿态展开活动。在这些教室里,教科书是配角,儿童以有探究价值的题目和课题为中心,借助大量的资料和多彩的活动追求着高品质的学习。

这种宁静的革命,从历史来看也是必然的。我们所熟悉的传统的课堂风景是19世纪的产物,这种课堂是同民族国家的统一与资本主义社会的发展相呼应的。不过,在21世纪的今日,由于全球化的发展,包括日本在内的发达国家已经从以商品生产与消费为中心的资本主义社会过渡到后资本主义社会。这种社会是以高度的知识、文化、信息和服务业所构成的知识经济社会。

经济合作与发展组织(OECD)估计,现如今的儿童到2020年将成为社会人,30个加盟国的制造业工人的比率将会从劳动人口的10%锐减到2%。21世纪的社会是知识高度化、复杂化的社会,是知识不断变动、更新、发展的社会。创造性思维、批判性思考、沟通能力、探究性学习符合这种社会变迁的需要。

在21世纪的学校里,不仅追求学习的"量",而且追求学习的"质",要求终身学习的主体的形成。课堂的中宁静的革命就是在这种历史变化中应运而生的。

二、从一节课说起

在滨野老师的课堂上,学生们坐在U字型排列的课桌椅里,在上课铃声响起之前,他们就各自在朗读课文了。课文的题目是"魔奇树",课文描述了这样的情景:漆黑的夜晚阴森恐怖,爷爷由于肚痛发出熊一般的哀号,叫声唤醒了豆太,这个原本连撒尿也不敢出门的豆太克服了对黑夜的恐惧,不顾外面寒冷的冰霜,出门去找医生求助。

看着儿童们各自按照自己的步调认真朗读的身影,听着课堂里回荡着的儿童们柔和的声音,不禁感到神清气爽。即便如此,从每一个个体自由自在的交往就可以看出这个课堂里正在形成着培育个性与共性的土壤。在这样的课堂里,每一个人的尊严都得到维护。所以儿童们都能安心地上课,我也虔诚地观摩教学,进行着课堂录像。

上课铃声一响,滨野老师说道:"好,现在开始上课。请用自己的声音读出来。"然后,点了几名儿童,让他们读两遍即将讨论的课文段落,并写出"自己的所思所想"。滨野老师默默地观察作业中的儿童们,鼓励那些情绪焦虑的儿童"划一条线也行";从旁守护努力想要表达的儿童,对需要帮助的儿童给予体贴入微的关照。作业进展到一定程度,儿童们开始同旁边的伙伴交头接耳,交换见解,反反复复地同教科书展开沉默的对话。当滨野老师感到约10分钟的作业可以告一段落,儿童各自的阅读也时机成熟之际,便以沉静的声音招呼全班学生:"大概可以了吧。好,大家交流一下读后感。"教师对火候的把握简直恰到好处。

很快，俊树（学生的名字均为匿名）开口说道："课文上写着'直到半路上的村庄'，半路不至于疲劳吧。"听着他发言的儿童回应说："说是半路，也得有两公里呢。"滨野老师询问道："有什么关联吗?"胜司说："豆太穿着睡衣跑，心里非常着急。"道夫说："要花多少时间才能爬过这座山哩。"和夫说："为了爷爷而奔跑。"芳树接着说："真害怕。如果爷爷死了，真是害怕极了。"此时，滨野老师敦促大家注意："有几处说了'害怕'? 出现了两处哟!"

可以说，滨野老师这样的处理对这节课的展开至关重要。当仁志读到"不过，自己心爱的爷爷死去更是可怕"之处，胜久接着读："豆太的爸爸死去的时候也是这么可怕。"俊子归纳说："是因为爷爷的死而感到害怕。而文中'又痛又冷，所以害怕极了'是说自己身体受了伤，因而又痛又怕。"于是，引发了关于"两种害怕差别在哪里"的低声讨论。针对久树的"夜里不会出现什么吧"的疑问，儿童们异口同声地回应说："熊"、"妖怪"、"霜"。其间，信夫问"老师，霜是什么"，询问了文中"霜"的含义。滨野老师对此作了解释。不过，虽然这段提问与解释中断了对话的线索，但学生们还是能够以"霜是晚上出现的"、"熊也是这样"、"妖怪也是这样"等加以回应，把话题精彩地串联起来。

此时，芳树说："豆太喊了两声'爷爷'，不过，惊吓的意味不同。第一次是由于熊（熊一般的哀号）而害怕的，第二次是由于（爷爷的）腹痛而害怕的。"他发现同"害怕"一样，称呼"爷爷"也有两处。围绕两处的差异，全班同学议论纷纷。其间，儿童们提到了开头的场景也有关于"爷爷"的叙述，这样，总共有三种方式叫"爷爷"。当滨野老师问到用"爷爷——"、"爷爷"的两种写法来表达豆太的心情的差异时，儿童们异口同声地回答说："后者的喊声意味着豆太看到爷爷的样子很是吃惊，于是大声地喊叫。""爷爷或许死了，因此感到害怕。"贵夫说："爷爷的肚子疼痛极了，在枕边像熊一样蜷缩成一团。"俊树说："爷爷说'别担心'，让豆太镇定下来。"美铃同意俊树的说法，她发言说："在'爷爷、爷爷，肚子疼痛极了'的地方，喊了'爷爷、爷爷'两声之后，真是疼痛极了。"胜久说："'豆太向爷爷扑去'之处，一旦扑上去，肚子不是更痛了吗!"

接下来，美佐说道："'哭哭啼啼'有两处，意思相似。"指出课文中有两处写到"哭哭啼啼"。亚纪发言道："头一处是说黑夜可怕，第二处是说爷爷死亡可怕因而悲泣。"于是，儿童们纷纷同意二者"稍有差别"。俊子说："前面一处'哭哭啼啼'是因为寒霜冻伤了双脚，豆太赤脚走，因为无法忍受的疼痛而哭泣。"和歌子回应道："后面一处'哭哭啼啼'是说想到了爷爷的病痛，越发感觉可怕而哭泣。"正人说："脚趾出血了，忍耐着跑去山脚下请医生很不容易啊。"芳树微笑着说："所以，医生还给豆太治了脚呢。"

到此,大体可以告一段落了。滨野老师告知大家说:"时间到了,还有1分钟。"儿童们小声地嚷嚷:"啊,还有话要说呢"、"老师,再继续下去吧"。于是,只好限于举手的学生接着发言。

由美指出:"豆太'像小狗一样蜷缩成一团(跑出去)',前面有爷爷'像熊一样蜷缩成一团','蜷缩成一团'也有两处。"围绕这一点,引发了全班好一阵热烈的议论,对两个"蜷缩成一团"进行了比较。在接下来的发言中,真人谈到豆太夺门而出的情景——"黑夜的恐怖"。和夫问道:"'外面繁星皓月','繁星'是什么星?""是满天星斗的星啊"(俊树),"十五夜晚的满月的星"(正志),"十五的夜晚,那是皓月当空吧"(道夫),"十五的夜晚一轮明月呢"(正志)。一直沉默的小彻的一句话结束了这段讨论:"不过,豆太并没有看见星星和月亮。"小彻的最后的发言是非常可贵的,它为这个故事的展开提供了最后的高潮——当豆太被医生背进小屋的时候,他沉醉于魔奇树后月光与树影的辉映之中。

三、相互倾听的关系

所谓"学习"就是同教科书(客观世界)的相遇与对话,同教室里的伙伴们的相遇与对话,同自己的相遇与对话。学习是由三种对话实践——同客观世界的对话、同伙伴的对话、同自己的对话构成的。这就是所谓的"学习的三位一体论"。它是作为一种"活动"(activity)、"合作"(collaboration)、"反思"(reflection)所构成的"活动性、合作性、反思性实践"而实现的。

滨野老师的课堂里,合作学习、合作探究的活动是怎样展开的呢? 构成这个课堂学习根基的是儿童们富于个性的、同多样化的教科书的相遇与对话,是儿童相互倾听的关系。儿童们细致地阅读教科书,通过对话同伙伴交流阅读心得的过程,也是基于教科书的话语展开思考,通过同教科书的对话发现新的阅读心得的过程。不过,为什么儿童们通过认真地阅读教科书,并同伙伴交流阅读心得就能够生动地描绘出故事世界呢? 其秘密就在于滨野老师的应对。

只要观摩了滨野老师的课堂,就可以理解他对儿童的应对策略并非是高深莫测的。当每一个儿童的发言没有得到充分的体味,其他儿童未能充分分享之际,他就会细心地提示"某某同学说了……"从而引发其他儿童的注意。当中途出现"害怕"的见解时，他就用"'害怕'出现了两次"来唤起儿童们的注意。而后，在课文中称呼"爷爷"有两处（课文中总共有三处），"哭哭啼啼"有两处，"蜷缩成为一团"有两处（爷爷像熊一样，豆太像小狗一样）。是学生们发现它们、进行比较，从而发展了阅读，滨野老师不过是为这种发现和比较提供了契机而已。基于这样的应对，儿童们的阅读之所以能够精彩地链接与发展，究竟是何缘故呢？

我想，其秘密就在于支撑滨野老师应对策略的两个原理。第一个原理是滨野老师的应对是以"倾听"为核心的。完整地接纳每一个儿童的想法，构成了滨野先生的"倾听"这一行为的中心。"倾听"正是教学中教师活动的核心。"倾听"儿童的发言意味着在如下三个关系之中接纳发言。一是，认识该发言是文中的哪些话语所触发的；二是，认识该发言是其他儿童的哪些发言所触发的；三是，认识该发言同该儿童自身先前的发言有着怎样的关联。

教师一旦在这三个关系中倾听每一个儿童的发言，那么，就能以课文为媒介，把每一个发言如同织物一样编织起来。

支撑滨野先生"倾听"的第二个原理是在教学中尊重每一个儿童的尊严。反过来说，教师若只寻求"好的教学"，那么尊重每一个儿童尊严的教学就不可能形成。这是因为寻求"好的教学"的教师会陷入这样一个陷阱——关注于把"好的发言"串联起来展开教学。滨野老师的应对却是迥然不同的。他不是拘泥于"好的发言（阅读）"，而是对所有儿童的发言都寄予信赖与期待。"任何一个儿童的发言都是精彩的"——这就是支撑滨野老师"倾听"这一应对策略的根基。正因为如此，在这个教学中能够创生出新的境界：儿童们轻松自如地参与，自由地交流思考，这种自由的交流又产生出多样阅读的丰富串联。

在教学中是否能够形成合作学习，很大程度上（将近有七成）取决于能否尊重每一个儿童的尊严，而教师的经验与学习的理论、教学的技能不过占了三成的比例。在观摩了众多的公开课之后，我越来越确信这一点。诚实地面对每一个儿童，诚实地面对教材。我认为这两种诚实决定了教学的成功与否，这也正是新教师和资深教师能够实现合作学习的秘密之所在。

四、"串联"与"反刍"

在观摩滨野老师的公开课之际，我不由得想起10年前在广岛市某小学观摩《魔奇树》一课时的情景。那堂课是讨论跑夜路去请医生的豆太的心情。在这个课堂里有一个名叫和树的好动男孩，他连教科书也不翻，在离开课桌不远处忙着削铅笔。这个和树拼命举手，他发言道："豆太说'头痛'。"周围的儿童们急忙小声提醒说："痛的不是豆太，是爷爷。""爷爷痛的不是头，是肚子。"然而和树仍然一味地说："豆太说'头痛'。"精彩的是，教师不是问"为什么这样想的？"而是问"从哪里看出来的呢？"

和树没有翻开教科书，却回答说："教科书里写着呢"，"写着'夺门而出'"。课堂里"哎——"地大声喧哗起来。不一会儿，从教室的一个角落里发出了"厉害"的感叹声与笑声。我也为和树的阅读而感动。豆太和爷爷由于贫困，居住在小草房里。豆太清楚地了解爷爷疾病的严重性，他睡眼惺忪地"小狗般地蜷缩成一团"，"夺门而出"。所以肯定是头碰到了房门，奔跑出去了。这就是和树读出的豆太的形象。对于豆太的这个形象，和树的解读比任何人都更加现实，是细致入微地理解的结果。教师以和树的见解为契机，重新"回归"课文，围绕奔跑的豆太的形象展开了讨论。

教师对和树的提问并不是"为什么这样想的？"而是问"从哪里看出来的？"在这堂课中这是决定性的。正是由于教师询问"从哪里看出来的"，才使学生联想到课文内容；和树的阅读与其他儿童的阅读才得以产生。

在教学中教师工作的中心在于"倾听"、"串联"、"反刍"。可以说"串联"是教学的核心。教师在教学中把教材与儿童串联起来，把一个儿童同其他儿童串联起来，把一种知识同别种知识串联起来，把昨天学到的知识同今日学习的知识串联起来，把课堂里学习的知识同社会上的事件串联起来，把儿童的现在同未来串联起来，探讨课堂教学中的教师的活动，无非就在于探讨这种活动是否成为"串联"的活动。不过，当我们个别地考察教师的活动时会发现，"切断"的情况比"串联"的情况更加普遍。诸如点名提问："某某怎样了"、"还有什么别的意见吗"。发言与发言之间的链接屡屡被切断。在教学结束之际，让儿童写"感想"、"反思"的教师也不少。如此这般，在儿童的意识中便自然而然地切断了同之后教学的关联。

"反刍"的活动更加受到轻视。在教学中教师在"然后怎么样"的意识之中，总是往"向前"、"向前"倾斜，停下步伐，"反刍"前段的活动，在全班和小组的讨论中"反刍"的活动是寥寥无几的。其结果是，多数的儿童被置之不理，只是借助一部分儿童参与来展开教学的居多。创造合作学习的教师与单向灌输教学的教师的差异就在于是否借助"反刍"保障了班级全员的学习。

创造合作探究的教师洞察"反刍"活动的意义。而且，洞察"反刍"活动的教师善于挑战高水准的学习。儿童们在课题探究中遭遇困难时，就可以"反刍"前段，重新出发，或是借助小组活动中的"反刍"，促进每一个学生的参与，这样组织多样的个体之间的相互切磋，使实现高水准的学习成为可能。

滨野老师的课堂也是教师借助"串联"与"反刍"两个策略来组织活动。在滨野老师的课堂中，每一个儿童的阅读如同织物一样编织在一起，合作探究犹如拼图玩具被逐渐地组织起来，弥合了缝隙、拼成一个完整的画面，其秘密也在于此。在合作学习、合作探究的课堂中，侧耳"倾听"每一个儿童的声音，专注于"串联"与"反刍"的教师是存在的。

五、愿景

一切改革都是凭借"愿景"加以推进的。这种创造合作学习的宁静的革命也是凭借"愿景"来进行的。而这种"愿景"形成了每一个教师的教学哲学。

本书介绍了同我一起挑战课堂中宁静的革命的教师们，试图通过他们的课堂教学案例，以具体形象的图景提示这种挑战中萌生的教学哲学。本书所介绍的教师们的挑战全都是小小的挑战、小小的事件。出场的教师中除了国际知名的教育改革家——在美国的改革案例中介绍的黛博拉·梅尔（Deborah Meier），其他的教师既不是著名的教师，也不是著名的改革家，其中的许多人无非是任何学校都可以碰见的、诚实地从事教育工作的普通教师。重要的是这些课堂中宁静的革命正是通过任何一所学校都存在的、每一位普普通通的教师的小小挑战来展开的。

构建合作学习的课堂，使学校成为学习共同体，这是教师们的共同愿望。这是在学校与课堂中实现民主主义的挑战，是教学中确立儿童尊严的挑战，是保障每一个人的学习权利的挑战。

学校是儿童共同学习、共同成长的场所。不过，现实的学校并没有发挥这种功能。现实的学校正在沦落，随着学年的升高，多数儿童会逃离学校，逃避学习，逃离书本。尽管教师拼命地努力，现实的学校正在变质为这样的场所——儿童们越是上学就越是丧失学习的乐趣，越是丧失合作学习的伙伴，越是丧失支撑学习的教师，越是丧失自身发展的可能性。创造合作学习、创造探究学习的挑战正是为变革这种学校而斗争。

在课堂里构筑合作学习的关系是为了在儿童中培育合作学习、共同成长的纽带。观摩课堂发现的一个令人惊叹的事实是，儿童之中蕴藏着的心心相印、关怀备至的潜在能力。即便对于那些在课堂上喧闹干扰学习的儿童,其他儿童也能宽容大度,而教师往往是难以克制、动怒的居多。而且,只要是这个儿童显示了学习的意愿,儿童们就能报以若无其事的温存,帮助其学习。无论哪一个课堂里都能发现的这个事实令我感动不已。

不过,教师通常并不介意于这种事实,即便在要求儿童之间合作互动的场合也往往追求"合作教授的关系"。然而,"合作学习关系"与"合作教授关系"是有根本差别的。"合作学习关系"是以若无其事的温存结成的关系,而不是横生枝节而形成的"合作教授关系"。"合作学习关系"是当儿童遇到困惑或困难,请求援助询问"喂,这儿,怎么办"之际,其他学生回应这种请求的关系。这种关系要求在课堂里确立两种伦理。其一,倘若不理解或是困惑的场合,向伙伴询问"喂,这儿,怎么办",作为课堂的逻辑确立下来。其二,当课堂的伙伴寻问"喂,这儿,怎么办"之际,即便教师正在进行讲解,也必定满怀诚意地满足伙伴的请求。这两个伦理,即便是小学一年级学生也必须遵循。合作学习的课堂对于儿童而言是构筑关爱关系的一种伦理性实践。

本书出现的教师的重要一点是,他们都在开放自己的课堂,与同僚构筑合作学习关系(同僚性)。在我看来,一年中从未向同僚公开自己的课堂、坦然接受评论的教师没有资格成为公立学校的教师,无论他的教学实践如何出色。这是因为,这种教师即便教学再精彩,也不过是把课堂私有化,把儿童私有化、把教学私有化,把教师工作私有化而已。再者,我认为,即便他热心于研究,编纂了厚厚的研究文集,一年中只参与三次左右的公开教学研究的教师是难以作为学校改革的案例而获得认可的。这是因为,如果所有的教师不推进开放课堂、展开课例研究,那么,任何学校的改革都难以维系。每年三次左右的课例研究使学校转型的案例不过是子虚乌有。况且,教师的研究成果并不是靠《研究集录》表现出来。显示教师研究成果的唯一表征就是课堂的事实。

本书介绍的案例统统是在课堂中构筑合作学习的关系,开放课堂、构筑同僚性的教师们发起挑战的记录;是描述国内外正在进行的课堂上宁静的革命的一份记录。这些案例及其场景提示了学校与课堂的确凿无疑的改革愿景,为开拓新时代的教学哲学提供了准备。读者倘能读取这种改革的哲学,则幸甚至哉。

合作学习的日子①
课堂里的儿童们

在合作学习的课堂里,每一个儿童与教师一道奏响着同声相应、同气相求的交响曲。

借助心心相印的交流,在交响的课堂里酿成相互倾听关系的润泽氛围。于是,柔和的声音与柔韧的身体促进着个体与个体的交流,为合作学习、探究学习的课堂提供了准备。

学习是同新的世界的"相遇"与"对话",是师生基于对话的"冲刺"与"挑战"。

挑战学习的儿童是灵动、高雅而美丽的。

第一章

从相互倾听的关系
走向合作学习的关系

一、课堂中宁静的革命

（一）课堂的重建

课堂的改革在广泛而深刻地进行。倘若是在十年前,活跃的意见交锋、教师以巧妙的提问与诱导展现戏剧性高潮的课堂会被赞不绝口地捧为"优秀"的教学。然而在今日,即便呈现了议论风生的教学,在许多教师看来还是有些不伦不类的感觉。教师们追求的课堂教学的形象变了。

在我参访的学校里,令几乎所有教师着迷的教学是在娴雅的关系之中相互倾听彼此心声,每一个人的细腻思考得到细致的交流的教学。能够紧扣当今教师心弦的教学绝不同于以往那种受到喝彩的、热热闹闹的、华而不实的教学,而是借助纤细的交响展开的、静悄悄的、返璞归真的教学。

近年来,许多中小学召开了公开教学研讨会,我确信,几乎所有的参与者都能深刻地感受到这种新的课堂教学的形象。如今,在日本的教室里,正在进行着这种内隐的、宁静的文化革命。

介绍一位教师的课堂改革的事例吧。这是静冈县富士市广见小学的八木静代老师的实践。我最早观摩八木老师的课堂是在三年前初访广见小学的时候。八木老师的课堂教学可谓"风生水起",不过,坦率地说在那堂课上,教师的言行明显粗糙,儿童的发言尽管活跃,但听下来还是一种对教师独白的应付,是一种思维浅薄的展开方式。

在研讨会上,对于八木老师提出的"我们班吵吵闹闹的,没办法",真想不逊地回敬她一句说："你才是吵吵闹闹的,没有办法。"这是一次令人遗憾的遭遇。

三年后,又重新观摩八木老师的课。那是五年级的社会科《汽车工业》的教学。走进课堂,令我惊叹不已。有两处令人惊叹:第一,在课堂的前方,实物的汽车零部件被拆卸下来展示。儿童们分组设立汽车公司,参考实物的零部件用纸箱板来制作汽车。从零部件的生产到下定单模拟汽车装配的整个工程。第二,八木老师同儿童的关系是应答性的,基于课堂中的倾听关系而形成了对话性的沟通。回想起三年前的八木老师的课,不能不佩服迄今为止她为重建课堂教学所付出的努力。

八木先生的应对策略——不折不扣地接纳儿童发言是合作学习的基础

(二) 性别的障壁

八木老师课堂的变化从一名叫小修的学生身上如实地反映出来。他原本是个令人心烦的学生,常常不能参与课堂活动,在教室里来回走动。而这一次,小修在汽车工程的操作中无须应付复杂的人际关系,他自己选择了运送零部件的卡车司机的角色。无论是在长时间讨论过程中，还是毫不相关地自言自语时，他都能坐在桌旁听课。

从事汽车工厂模拟的儿童们根据自己的经验讨论汽车生产工程中各样的款式、零部件的制造与多样的装配工程的合作方式等。出人意料的是，本来小修一边做着小动作、一边嘴里嘟嘟囔囔不知在说着些什么，但在涉及卡车司机经验的部分，他也被讨论内容所吸引。他几次同近旁观摩教学的我搭话。不一会儿，小修在翻阅资料时，从丰田市航拍的照片中发现了不同方位的汽车装配车间之间的差异。我鼓励他说："这儿，你发言。"他笑嘻嘻地举手了。

八木老师眼看讨论不能如愿地收场很是着急。因而，尽管小修好不容易举手了，老师也没让他发言。终于，小修得到了发言机会，却是和小修的发现毫不相关的"电脑设计"部分。尽管如此，小修仍然作了发言，说出"在资料集里刊登了电脑设计的照片"之类的话，心满意足地坐下了。这是小修能够认认真真地参与课堂教学的珍贵瞬间。

八木老师的课堂上存在的主要问题是只有部分男生发言，而且多半时间都是由部分男生的讨论为主。令人尴尬的是课堂讨论越是偏离预设的方向，八木老师就越要依靠那几位经常发言的男生。这样，大半的女生缄口不语，如同客人一样默默无言，这种现象在日本的中小学极为普遍。八木老师希望能建立宁静的、互相倾听的关系，但却一直未能解决部分男生独占课堂发言权的问题。因此，在课堂对话未变革之前，八木老师所追求的合作学习关系是无法实现的。

（三）合作学习的关系

在汽车工厂教学结束三个月之后，在广见小学公开教学研讨会那天，八木老师以社区的小型超市为题材，在学校的体育馆里上了一堂题为"日常生活中的信息与运输"的公开课，300多位教师前来观摩。两家同一公司的小型超市一路之隔，一眼就可以望见。然而，这两家超市的商品却大不相同。到底是什么原因造成如此的差异呢？它们是如何确定自己的商品的呢？公开课就从这个话题开始：去这两家超市购物，查明商品的不同，讨论两者之间的差异。

上课伊始，我就吃惊于课堂的变化，与三个月之前迥然不同了。主导课堂的一部分男生在静静地思考，曾经中规中矩的大多数女生以清晰的话语接二连三地发言。八木老师的用语也变得凝练,不急不躁悠然自得地展开。侧耳倾听着从由每一个人的经验编织出来的富于个性的发现与思考,课堂俨然成为彼此切磋的共同体。不同见解连绵不绝的切磋形成了张弛有度的和谐格局。

正是八木老师的点名和应对引发了这种变化。在这个课堂里八木老师的点名并不受儿童举手的束缚。她琢磨每一个儿童的表情变化,侧耳倾听他们的低语,不举手的儿童也每每被点名,并静静地等待那些不知如何表达的女生们组织语言。一旦发觉其他的儿童没有听到,则通过重述,让全班学生知晓。八木老师的活动是以"倾听"、"串联"、"反刍"为中心展开的。

这是一种返璞归真的教学方式。学生们即便理解"畅销的商品"、"电视宣传的热门商品"摆在超市的门口,也理解不了两家超市的店员是如何选择商品的。讨论了30分钟仍然没有什么结果,但八木老师并不焦躁。于是,一个女生报告说,她发现了除了收银台的收据之外,店里还有其他店方存根;另一个女生调查超市,报告了区分男女顾客及其年龄的关键所在。区分年龄的关键点可以细分为12—18岁、18—25岁、25—50岁、50岁以上。又一个学生报告说,从超市的记录中发现了经营的相关信息——是哪天的哪个时节,是早、中还是晚;天气如何,是下雨、阴天或是晴天,甚至气温是几度等等都有记载。接着,一个只提到"线香"这一商品的男生说道:"店员告诉我,记录表的记录是直通总部的。"至此,谜底终于解开了。讨论从上课开始,持续了70分钟。连接超市与总部的电脑的作用,决定下一节课继续探讨,这堂课就这样结束了。

从小修的面貌的变化也可以反映出来这堂课的进步。小修在走进课堂时,对八木老师说:"三个月前'麻烦'了佐藤先生,今天我要加把劲。"事实上,小修坐在我对面一侧最后一排的位置上,从头到尾都在倾听其他同学的发言,并且两次举手发言参与了讨论。

在上课之前超市的调查活动中,八木老师几次恳求也未能进入超市柜台。既不允许观察记录的机械,也不允许拍照。观察记录、公布电脑的记录事项更是"总部严禁的事项"。儿童们依靠他们亲昵的天性轻而易举地克服了困难,展开了缜密的调查活动。这一堂课充分地发挥了调查成果的作用。

八木老师课堂的变化反映了如今席卷整个日本的、以合作学习为中心的教学改革的实现历程,这是耐人寻味的。日本课堂中正在推广宁静的文化革命,就像八木老师的课堂那样,正在一步一个脚印地前行。

二、坦诚相见

（一）不折不扣地接纳

实现教学创造的前提，倘若要举述一点要求的话，那就是对儿童的诚实。离开了教师的坦诚，儿童就很难学会学习中的诚实性。涩谷美和子老师是一位秉持诚实的女教师。因此，她的教学是可圈可点的，儿童的面貌也是清新自然的。

然而，这位涩谷老师在其任课的五年级教室里总感到提心吊胆。这个班级的儿童在三年级的时候经历了班级的崩溃，到了四年级开始回到正常状态。但在涩谷老师接手之初，粗暴的言行甚嚣尘上，放学之后也常常闹得鸡犬不宁。

涩谷老师执教的学校座落在北陆地区的城郊，这是由五个住宅区和三个旧开发地组成的新兴开发区。大半儿童是从别的地方转入的，可以说是条件极差的一所学校。实际上，有时儿童之间小小的纠纷也会大动干戈，甚至连家长都会卷入其中。尽管前任班主任说过"压是压不住的，非得男老师才行"，但涩谷老师仍毅然决然地接手了这个班级，并下决心全力以赴。

用"强制手段"去对付经历了班级崩溃的儿童们效果只能是适得其反。但涩谷老师决意确立缜密的方针，坦然面对。重要的一点是，与其说是细致地注意每一个人的态度，耐心等待，让儿童体验到哪怕些许的学习乐趣，不如着力于培养他们的上进心，但最快也得等到秋天才能使班级趋于稳定。在此，切忌焦躁。班上有几个学生的家庭问题很严重，不过最重要的还是全盘接纳他们。改进同儿童谈心的技巧，传递给家长的信息尽可能局限于最低限度。因为一旦有些家长不能坦诚听取教师的意见，就会造成关系紧张，那样只能使事态进一步恶化。

（二）胸有成竹地应对

4月，新学期开始了。在课堂上，令人意外地是儿童们静静地坐着，这使涩谷老师产生了一种"扫兴"的感觉。这种寂静是恐怖的，因为暴躁与抑郁的情绪藏在心灵深处，并未得到完全的宣泄。

教室静寂,开始上课,但仔细看去不免令人担忧。首先是儿童们坐在课堂里,一个个面无表情。不点名就不发言或是不作为,即便哪个人发言了,其他人也是毫无反应。他们似乎在认认真真地倾听教师的讲解,但是大多没有听进去。虽然并未在全班同学面前发泄什么不满,但是,从每一个儿童交谈中可以听出来,他们对其他人牢骚满腹。学力惊人低下,不及格的儿童竟达10人之多。由此可见,他们在这两年间所遭受到的心灵创伤。

涩谷老师认为,在儿童掌握学习技能之前,形成自然的学习氛围乃是一个先决条件。构筑"相互倾听"的关系是至关紧要的。为此,她决定在教学中留意如下几点:

第一,更加重视那些"奇趣"的发言,而不是"好"的发言。其关键是教师自然而然地做出"真有趣"、"妙极了"、"真棒"等应对表达。第二,教师要一边琢磨教学的展开对儿童而言是否自然天成,一边推进教学的进程。第三,当教师倾听儿童发言的时候,应当着眼于:这个发言同该儿童的内在品性有什么关联,这个发言是由谁的哪一句发言触发的,这个发言同已知的学习内容有什么关联。第四,在儿童们凭借自身的力量把这样那样的发言连贯起来理解之前,教师需要发挥穿针引线的作用。第

教师的"反刍"策略深化了课堂沟通

五,与其提高全体儿童的理解水准,不如首先形成这样一种规范——每一个人倾听其他同学的见解,接纳他人的主张,并且致力于生成自己的理解方式。第六,对明显学习困难的五名学生在午休与放学后进行个别辅导。

(三)课堂教学的创造

8个月后,随着"相互倾听"关系扎扎实实地形成,几乎所有的儿童都能真实地表达自己的思考了。那个曾经一听不懂就立刻动怒、骂涩谷老师"坏蛋"的克哉,如今也能沉下心来思考了。不过,课堂上仍然存在某些不足之处,那就是整个教学中未能生成丝丝入扣的交响,未能生成高潮迭起的对话。这究竟是为什么呢? 同僚的教师们将会揭开这个谜底。涩谷老师决定用录像记录算术课,与同僚们展开课例研究。

这个单元的内容是"平均数",由于学生们都热衷于打篮球,所以涩谷老师设计了如下问题,引导儿童展开讨论、求解。例:"3个班级竞赛,每个人投球5次。由于有人缺席,三个小组人数分别是3人、4人、5人。于是有人认为这样做不公平。那么,如何做才能公平呢?"

要求每个学生把自己的思考写入笔记本。结果出现了三种想法:"每个人投球5次,不公平。""统计总分,然后加以比较。""按人数平均分摊来做比较。"前面两种意见实际上是同一种类型,于是沿着三种思路进入课堂讨论。

这是一个畅所欲言的时刻。全班学生叽叽喳喳,众说纷纭,发言一个接着一个。"因为人数不同,所以不公平呢。人数总得有一个说法。""如果是3人和5人的话,5人小组是绝对占上风的。""每个小组如果是1人的话,就公平了。按人数分摊得分就可以。"至此,只见俊树正打着哈欠,他已经表现出不耐烦。良夫说道:"如果不听一听得分多的小组的意见,那样做行得通吗?"于是,有的学生嘀嘀咕咕:"统计总分,再作比较。""我觉得多人投球,多人分摊,结果是不变的。""不过,如果大家都投球5次,次数是同样的。""如果是3人投球和5人投球,次数就不一样了。""如果不用人数来分摊,那么对人数少的小组是不利的。"

这样,当全班大体归纳出这样一个意见——"统计总分,然后用人数去除,得出平均分"的时候,默不作声的真由美提问道:"为什么? 一除就公平了? 不懂。"于是,围绕用"每一个人份"来求"平均"的意涵,展开了讨论。经过漫长的发言,终于进入了人人"同意"的阶段。动足了脑筋的美千代和五郎,终于松了一口气。

数日后,重新播放课堂录像,涩谷老师跟同僚一道研讨教学。最先被指出的是克哉的变化。原本他总是心神不定、发出怪声或是同别的同学吵架。但在这堂课上,他一开始就默默地做作业,中途碰到不理解的地方,多次走到黑板前确认提问之后,听取同学们的意见。建立了能够安心地合作学习的关系,克哉也发生了变化。

尽管如此,对于其中一些儿童而言,这个问题还是比较难。学生们热衷于篮球运动。不过,在这个问题中,"平均"的量并不是像水杯里面的水量那样明显。所以,以"平摊"的感觉难以建构"平均"的概念。每一个人投球得分的"平均"是一个难解的概念,需有几十次、几百次尝试的统计概率的表象来支持。

教学研讨会上的核心话题是涩谷老师最为关注的若干发言的联系。确实,尽管每一个人叽叽喳喳的发言连绵不绝,然而并未展开多样见解相互切磋的交响。不过,同僚的教师们虽然承认了这个事实,却只是私下里窃窃私语而已。他们正面评价了这节课——几乎所有的儿童都用自己的话语表述了自己的思考,而且培育了扎实的相互倾听的关系。无论如何,要构筑合作探究的关系,就必须经历这个阶段。

然而,有些地方还是有待改进。涩谷老师的"串联"应对策略是把每一个人的发言同下一步的展开串联起来,但并没有与其他儿童的见解串联起来,没有与这个儿童先前的思考串联起来。由此,教学的进展是线性的,并没有生成合作探究活动的广度与高潮。

要使儿童的沟通既有深度又有广度,教师要做的不应是"诱导"发言,而是要"反刍"。在这节课上,"我不懂"、"想听听别的同学的意见"的发言此起彼落,儿童自身起到了"反刍"的作用。如果涩谷老师能机敏地做出"反刍",那么,课堂对话就一定能够更加丰富多彩地交响起来,促进生动活泼的思考。

三、转变教学风格

（一）教学的转型

在参访众多的中小学的过程中,最令人高兴的是以前观摩过的教师在后来教学过程中发生了巨大的转变。暑假之前的一天,我接受了东京都江户川区小松村小学发出的邀请,该校的藤田晶子老师希望我无论如何去观摩她的课。

　　一年前,我曾经观摩过藤田老师的课。坦率地说,那是一堂可怕的公开课。在那堂课上,我体验到了"局外人"的辛酸。这是程式化的、喧闹的一堂课。藤田老师穿着一身忍者的戏服,儿童们的额头上贴着符咒的封缄,根据预定的规则来回跑动。兴奋的儿童们大声喧哗,沉迷于藤田老师设计的游戏。总之,这是一场乱糟糟的闹剧而已。

　　在这堂课的教学研讨会上,我指出:"教师们往往追求风风火火的课堂,但儿童们并不追求这种表面活跃的教学。他们所要求的是安静沉着、能够拓展自己可能性的课堂。"初见藤田老师就知道她是一位诚实而优秀的教师,她英姿勃发,业已积累了一定程度的教学经验。尽管如此,但这堂课还是吵吵嚷嚷,让我难以忍受。

　　不过,据说事后她受到了"始料未及的打击",藤田老师曾经毫不怀疑地追求"风风火火的课堂",培育"朝气蓬勃的儿童"。现如今,这种追求的根基开始瓦解。

　　两个月之后,藤田老师参访茅崎市滨之乡小学,观摩西冈正树老师《一朵花》的教学。一进入学校,藤田老师就受到了震撼。整个课堂寂静而沉着,充满了宁静的气息。教师和儿童们的言行举止自然得体,柔和的声音形成交响。走访每间教室、观摩教学,更是柔和寂静。特别是观摩了西冈老师四年级的《一朵花》一课之后,藤田老师说出了自己的感受:"这是以往的教学中从未有过的感动。"她被这堂课深深地震撼了。无论教师还是儿童,都能够自然地、逐一地、细腻地表达并体味在以往的日常教学中积累起来的知识,能够侧耳倾听并赞同同学的话语,能够琢磨自己生成的话语,能够表达自己阅读的感悟,能够把同学之间的见解链接起来。——上述这些方面,都是西冈老师所着意的,以西冈老师的话语为媒介,儿童们拓展了自己的故事世界。面对学生们的这种姿态,藤田老师的心头一热,激动得流下了热泪。她写下了这么一句话:"我深切感到这是一堂名副其实的'合作学习'课……我想尽量接近这样的课,哪怕一步也好。敞开心扉,让新风吹进我的心田吧。"——从这一天开始,藤田老师日复一日地努力着。

(二) 气息的交流

　　藤田老师首先着手构筑儿童之间的相互倾听关系。为了构筑儿童之间的相互倾听关系,藤田先生自身必须做到认真地倾听每一个儿童的声音。她决心把以往大声的说话声降低到"一半的音调",展开缓慢而沉着的教学。课堂的话语一旦精雕细刻,课堂里柔和的气息与交流也就自然而然产生了。

　　课堂的环境发生了变化,儿童们能够安心地开展合作学习了。墙上告示的版面设计得生动活泼,课桌椅基本上是 U 字型排列的,这样有助于轻声细语的交流。讲台摆在教室的一角,黑板前面放了一张椅子,教师坐在椅子上,在同儿童相对的时候,便于以儿童同等高的视线与其对话。这样,教师对于每一个儿童的表情变化和体态的起伏能够一览无余。在滨之乡小学,藤田老师感受到的自己的课堂上也充满着从容而宁静的气息。儿童们的"是"、"是"的吵杂声消失了,渐渐地,几乎每一个儿童都能说出沉稳而精当的话语,而且能够进行基于深刻思考的课堂交流。所有这些都是藤田老师在经历了滨之乡小学的冲击性体验之后,用 6 个月的时间在自己的课堂上所做尝试的结果。

藤田老师寻求与学生交响的教学

（三）积淀的时间

　　小松川第二小学藤田老师二年级的课让我感动不已。上课铃还没有打响,儿童们已经迫不及待,各就各位。他们翻开教科书,各自读着当天学习的课文——《土笛》。在这个轻声低语的课堂里,时间分分秒秒地流逝,让人如同置身于轻灵的雪花纷飞的世界,给人一种清新自然的感觉。难道这就是8个月之前吵吵嚷嚷、闹闹哄哄扮演忍者的教师和学生们么?我感受到了藤田老师这8个月来对教学的真诚付出,在教学尚未开始之际,我已不知不觉热泪盈眶了。这样的课堂变化是出色的令人惊叹的案例。

这堂课从各自朗读课文开始。8个月前让儿童高声齐读的藤田老师,却在这堂课上让每一个学生自由自在地以轻轻的声音、按照自己的步调来阅读。正是这种阅读才使得儿童同教科书的话语相遇,在各自的心中形成自己的阅读和表象。如此反复三次之后,全体再读一遍。读完的儿童则静静地等候着其他同学读完。听到儿童们各自朗读的声音,看到他们等待同学读完的情景就可以明白,这个课堂的儿童们已经构筑了相互倾听的关系。《土笛》的故事描述了战争期间,南、北两国军队怀念各自故乡放牧牛羊的牧笛声,因而制作了土笛,在各自的战壕里吹响,形成了美妙的交响。藤田老师来到课堂,她知道这个班的儿童很喜欢合唱,希望他们感受一下这个故事里所表达的交响之音的美妙。

当最后一个学生读毕,藤田老师把一个儿童在前节课所提出的问题设定为本课的课题——"为什么两个人都忘记躲藏了呢?试想象一下当时两人的心境。"问题一写上黑板,儿童们就如同受到邀请一样,兴致勃勃地朗读起来。明人、和子与次郎在朗读了课文中相关的段落之后,在答题纸上写出了自己的想法。铅笔的沙沙声响与儿童的自言自语、轻声交谈相互交织。其间,藤田老师走到面有难色的儿童中间,帮助他们回答。

(四)交响的课堂

作业暂告结束,藤田老师开始听取每一个儿童的见解。守男身体轻摇着,开口说道:"尽管听见了笛声,战争嘛,毕竟是你死我活的杀戮。"大概守男的脑海中对战争的印象是异常惨烈吧。接着,良子说:"我想,听到了笛声不就成为朋友了吗?"和代说:"像是在'捉迷藏'呢。"——这句话,表现了隐蔽在战壕里的两名士兵的感情。智子加重语气说道:"他们想重归于好。"健一说:"不过,子弹飞过来了。"登子说:"所以要对话,他们想亲近呢。"

小胜也从另一个角度说:"土笛为什么会发出如此悠扬的声音呢?"藤田老师

肯定了这一点,用课文中的话语来确认土笛让人回想起了故乡的笛声。真知子很快回答道:"故乡的回忆渐渐淡去,不再敌对有多好。"留美说:"虽然他们想重修关系,但一露面就会遭到袭击。"新一接着说:"不过,毕竟会想起那美妙动听的声音。"

藤田老师询问道:"后来两个人怎么样了?"听到直人说:"两个人都关心着对方"之后,儿童们的讨论围绕着笛声展开了。"那么悠扬的声音,两个人不再敌对了"(美纪子)、"真想沉浸在笛声的世界里"(真理)、"'笛的世界',就是有很多笛子的世界吧"(美智子)。——儿童们各自发表着自己的见解,其间也夹杂了一些无的放矢的说法:"在一家店里有土笛声。"(真知子)。藤田老师在教案里写着:"希望在这节课上把学生们的话语串联起来。"确实,儿童们在课堂里已经充分地展开了交响,他们还在交流意见,不过由于准备好了午餐,本节课也只好终止。"好,这堂课就到此为止。"——藤田老师话音刚落,几乎所有的儿童都举起手来,要求"下节课再继续讨论"。

在持续观摩课堂的过程中,我也曾遇到过像藤田老师的课堂变化这样令人感动的事件。仅仅8个月的时间,无论是藤田老师,还是课堂里的儿童们,他们教与学的方式都形成了独特的风格。藤田老师在与每一个儿童的交响中促进着他们的成长。

四、直言"不懂"的课堂

(一) 以"不懂"的儿童为中心

创造合作学习的教师往往把边缘化的儿童作为课堂沟通的中心来对待。诸如那些在学科学习中有困难的儿童、不能融入课堂教学的儿童、难以参与课堂学习的儿童,无论哪个课堂上都不乏这种边缘化的儿童。从这种边缘化的儿童与其他儿童之间的落差中可以洞察到合作学习的可能性。尽管如此,能够以边缘化的儿童为中心来组织教学的教师毕竟不多。要进行以边缘化儿童为中心的教学就需要教师对每一个学生的尊严有深切体验和共鸣,首要的是教师要有对每一个学生成长的期待与意志。

这里介绍一个以边缘化儿童为中心展开课堂教学的案例。这是新潟县长冈市黑条小学的小林教子老师的一节算术课,题目是"比例"(六年级)。在黑条小学,从4年前开始全体教师每年举办若干次公开教学课,挑战新的教学创造——细致地构筑儿童们互相倾听,接纳每个人思考的教学。如今,在这所学校的每一间教室里都可以观察到边缘化的儿童得到同学们的支持,自主学习的情景,所有学生都能开展高品质的探究。小林老师的课就是一个典型。

小林老师上课的特征是从不拖泥带水,课堂话语凝练。她的这种凝练话语的铺垫,培育了侧耳倾听的儿童。这一天公开课的内容是"比例"。尽管是在六年级,但很多学生还是害怕学习分数。即便如此,小林老师还是想认认真真地上好这堂课,于是小林老师将这节课定位成"多样的思考相互交流,充分共同探讨"的课。"有一瓶840毫升稀释的橙汁。水和橙汁的比例是5∶2,水和橙汁各占多少毫升?"在前节课上学生们把自己的解法写在了海报纸上。

学生们用了四种方法求解。本课时的教学目标是,在交流了这四种方法之后,理解"比"的量的意涵与运算的意涵。小林老师询问道:"请谁解释一下。"几乎所有的学生都静静地举起了手。一开始,教师点名让绫子回答,她在海报纸上用了最简单的运算方法。被叫到之后,她就急急地撤了手,小声地说:"能够解出来,但我解释不了。"小林老师表态说,可以稍微等一等。这时,别的儿童就不能举手了。这就是这个课堂的精彩之处。小林老师鼓励她说:"在海报纸上写着呢。去拿来看看。"绫子畏畏缩缩地站在黑板前,声音小得像说给自己听一样,开始慢条斯理地解释。听她解释的学生们回味着绫子的话,频频点头。绫子的解释是无可挑剔的,她一边展示2∶5的线段图,一边解释 $840 \div (5 + 2) = 120$ 算式的含义,接着又解释了 $120 \times 5 = 600$(水的量)与 $120 \times 2 = 240$(橙汁的量)的算式与答案。

小林老师满面微笑地说:"绫子同学,你说不能解释,还是能的嘛。"突然,坐在第一排的健治面带困惑地向小林老师说道:"我完全不懂。"

(二)直言"不懂"的妙处

虽然观摩过众多的课堂,但"不懂"的时候能够直言不讳的课堂并不多见。如同此景一样,当大家都能够接受,正准备继续推进时,能够直言"我完全不懂"的健治是好样的。那些能够接纳健治的学生们也是好样的。再有,听了健治的话,决定以健治的疑问为中心展开教学的小林老师也是好样的。仅仅"哪里不懂"的询问是愚不可及的,"哪里不懂呢?"——这个问题也必须同这个儿童一起探讨。

小林老师跟健治说:"好好听一听。""谁能代替绫子给健治同学解释一下?"要求儿童们举手。第一个站起来解释的是和志。和志运用了绫子的线段图,因为总体是7,是840 ml,所以1份是120 ml,水是5份,所以是600 ml;橙汁是2份,所以是240 ml。和志提纲挈领地做出了解释。健治同学听了这个解释,又重新问了一遍:"840÷(5+2)=120是怎么回事呢?"多半是健治同学不懂式子的含义,小声说道:"如果是我来做的话,总是稀里糊涂的,加减乘除不晓得怎么弄。"原来如此,难怪健治上节课答不出来呢。

良子接着和志的话,继续解释健治不懂的算式的含义:"水和橙汁是5∶2,总体是7,在这里括弧中是5+2。"在解释的过程,健治小声地感叹:"哎,太复杂了。"于是,美纪站出来解释道:"瞧,上面写着总体是840 ml呢。"健治说:"这个,我懂。"因为在问题中写着。听到他的回应,美纪有了自信,于是继续说道:"因为水是5份,橙汁是2份,看一看线段图,总体是7份吧。"健治仍然说:"嗯,还是不懂。"听到这,美纪也无计可施了。之后,同学们一个接着一个,总体或用7或用840 ml来解释,说明线段图的含义。然而,健治似乎终究理解不了840 ml去除(5+2),其得数(120 ml)再乘以5、乘以2的含义。

不过,其间,健治说了这么一句话:"我不懂的是为什么是用乘法。用加法的话,加5次不就行了。"看来总算有所开窍,不过为此花了近20分钟的时间。当小林老师确认了健治总算明白之后,调侃道:"本来准备花3分钟的时间,却花了20分钟。"课堂重新沉浸在明媚的笑声之中。

接着,美智子在黑板上贴上海报纸,展示了第二种的解法。先设x为橙汁的量,则列式为"x÷840=2/7",x=840×2/7"。同样,设水的量为y,则列式为"y÷840=5/7,y=640×5/7=600"。在这里,许多学生开始摸不着头脑了,多数学生对代数式的解法一无所知。小林老师补充道:"大概有点不懂吧。"健治立刻嘟囔着说:"不是有点不懂,而是完全不懂。"几乎全班同学完全落下。而后,学生们几度对美智子发出了疑问和回应,美智子做出了这样的解释:"6÷2=3,2×3=6,所以,若x÷840=2/7,则x=840×2/7"。这时,儿童们终于跨越了障壁。当然,健治也不再疑问了。

"不懂"的儿童激活了学习的原动力

（三）课堂教学的律动

牧子提出的第三种解法更加简洁和凝练。在线段图上把总体设定为 1，于是得出了这样的式子来求解："840×2/7＝240，840×5/7＝600"。关于这个解法，半数以上儿童不能理解"为什么总体的量乘以 2/7 或是 5/7 呢"，要求牧子做出解释，但牧子的解释没有说服大家。

这时，让小林老师和做观察记录的我始料未及的事情发生了。健治一边嘀咕着"通过线段图就可以明白"，一边走到黑板跟前。"听了我的解释，大家可能更糊涂了。"他一副抱歉的样子解释起来，"我想，在这里总体是 840 ml。那么，这是 5 : 2，所以，把分母作为总体的话，就成为 5/7 和 2/7 了。这儿是水 5/7，这儿是橙汁 2/7。这样，用 840 ml 除以分母 7，乘以 5，就是水的量；乘以 2，就是橙汁的量。瞧，更难懂了吧，对不起了。"

说完，健治回到了座位上。大约 1 分钟的时间，这节课达到了最高潮。小林老师问道:"谁弄懂了?"所有人都举起了手,"总算明白了","明白了","真过瘾"。尽管如此,健治还是小声说:"对不起,更难懂了。"不过,却又笑逐颜开地说:"我也完全弄明白了。"于是,这一节课就这样结束了。另一个解法决定留待下一节课探讨。

回顾整堂课,我们可以清清楚楚地体会到这节课的律动。健治面对最大的障壁与其说是对"比例"意义的理解,不如说是对"分数"意义的理解。这是课堂里的学生或多或少的共性问题。健治在前 20 分钟里借助同伙伴的沟通克服了这个困难,他最后的解释活用了之前所学,再次与伙伴的进行了沟通。"不懂"的儿童活跃的课堂正是老师们接受这些"不懂"的儿童,为这种律动的课堂教学做好了准备。

第二章

个体与个体的链接

一、和谐交响的课堂

（一）从尊重每一个儿童的尊严开始

为了构筑合作学习的关系，就得培育相互倾听的关系。但是，相互倾听的关系凭借什么去构筑，又是如何去构筑的呢？倘若是教师，谁都知道倾听的教学是何等困难。这是因为倾听的教学不是只要告诉儿童"好好听"就可以实现的。况且，众多教师无论怎样进行"倾听"指导，仍难以培育课堂中相互倾听的关系。这是因为教师所进行的倾听教学，多半是让儿童倾听自己的话语的一种教学，而不是在儿童中培育相互倾听关系的教学。

在儿童中培育相互倾听关系的第一个要件就是教师自身悉心倾听每一个儿童的心声。要培育相互倾听的关系，除了教师自身成为倾听者之外，别无他法。有的教师发牢骚说："我班上的学生一点也不想倾听"，这种教师不过是在无意之间流露出自己是如何不听儿童的心声罢了。

用什么来构筑儿童相互倾听的关系呢？不妨以茅崎市滨之乡小学山崎悟史老师的教学为例加以说明。自茅崎市滨之乡小学开办以来，就贯彻"创建学习共同体"的办学理念，把课堂里构筑相互倾听的关系作为教学创造的出发点。茅崎市滨之乡小学开办之初，山崎老师作为一名新教师入校，从踏上讲台的那一天起，他就把建立相互倾听关系作为教学创造的根本来抓。

令该校的老教师们和我震惊的是，尽管山崎老师是一位新教师，但在这个秋天，在该校 28 个班级中，山崎老师所担任的三年级的课堂已经率先形成了相互倾听的关系。

滨之乡小学办校第一年就以学习这位新教师山崎老师的课堂教学为基础,迈开了教学改革的步伐。

新教师山崎老师为什么能够在课堂里培育和谐的倾听关系呢? 我想这里隐藏着构筑相互倾听关系教学的一个秘密。许多教师前来观摩山崎老师的课都是为了探究这个秘密,但是他们看到的是山崎老师不折不扣地接纳每一个儿童的专心态度。在教师创造教学的力量中,专业知识与教学经验不过是占了三成而已,剩下的七成就取决于教师能够在何等程度上尊重每一个儿童的思考与感情;能够在何等程度上引发每一个儿童潜在的可能性。观摩了山崎先生的课之后,我懂得了:教学创造的七成与教师尊重每一个儿童的尊严息息相关。

(二) 从儿童出发展开教学

这是山崎老师入职第三年冬天里的一节课。教学观摩课的题目是"至爱"。在教学开始前5分钟,我一踏进教室,就听见柔和的交响,看到儿童们就如同看到一片原野上朵朵花儿竞相开放的景象。虽然这一天并不是公开教学研讨会的日子,却有来自全国各地的近100名教师造访该校,簇拥着排坐成弓形的38名儿童。

儿童们一如往常,热切的眼神里没有丝毫的羞怯,在山崎老师"好,开始上课"的声音里,他们异口同声地回应"好的",一个个进入了状态。山崎老师说道:"那么,每一个人用自己的读法,反反复复地阅读四个情境吧。"于是他们捧起教科书,按照自己的读法开始朗读——有的手捧着教科书在读;有的看着山崎先生在黑板上贴出的海报纸上的课文在读;有的一边思索一边细声地默读;有的得意忘形地大声朗读;有的在快速阅读;有的似乎在细细品味地阅读。这是同一的时间、同一的空间,在同一间教室里汇聚成的一股声音的交响。

观察每一个儿童之后,山崎老师确信每个人都读好了,于是说道:"好,请一个人来读读看。"教师先是点名让文子发言,接着是一树,最后是茉莉。在一名儿童朗读期间,近旁的儿童不看教科书,而是看着朗读的同学;有的则似乎在目不转睛地凝视着教科书。一个儿童读毕,有点头的,有微笑的,表情不一,缤纷多彩。在这静静的空间里,山崎老师的一声"谢谢",令人舒心。然后,他顺次点评了文子、一树、茉莉的朗读,捕捉到从慢速阅读到快速朗读,从流利的表情性朗读到细嚼慢咽的内省性朗读的变化,山崎老师的深思熟虑与洞察力,在这样的教学组织中得到了充分的体现。

山崎老师的课堂是良好倾听关系的典型。

山崎老师指导说："下面,我们来思考一下。这一次,大家坐在原位上,每一个人再来读一遍,好吗? 特别要关注出现的四个场景,好好思考着来阅读。"这样做是为了让每一个人阅读得以成熟、发酵。这样,就可以促进每一个人的发言——"好,听听大家的想法",于是展开了讨论。

从这个朗读的情境也可以明白山崎老师是如何精细地展开教学的。而在这样的情境中也隐含着构筑相互倾听关系的若干要件。首先,山崎老师的话语没有一点拖泥带水,每一个话语都是经过深思熟虑、清清楚楚地说出来的。其次,山崎老师的每一个话语都充满着对每一个学生的尊重。到此为止,整个课堂教学的进展都是根据山崎老师的指导展开的,却没有一句命令式的话语,所有的话语都是恳请与感谢。而且,这种话语绝不是讨好学生,这是形成每一个人自己的阅读逻辑(同教科书的对话)所需要的。

(三) 交响

"好,大家来说说。"——山崎先生的这句话,引发了交流每一个人阅读心得的讨论。几乎每一个人的发言都说道："在某某的地方，我认为——"从中可以发现，虽说是一年级学生，但他们已经明确了根据教科书的话语来发言的规则。学习是同教科书的对话，是同他人的对话，是同自身的对话。山崎老师的课堂所采取的策略是：让每一个儿童充分地同教科书对话，借助同伙伴的切磋来发展自身的阅读。

这节课的第四个场景描写的是"我"最喜爱的狗——小精灵在夜里死去的情景。在敏子说"'我'很可怜"与芳树说"小精灵的样子浮现出来".之后，卓郎指出："'我永远喜欢你'这句话出现过两次呢。"于是山崎老师说这样一句"串联词"："你们都是按照自己的理解来发言的,刚才,卓郎说出了两个场景之间的联系啊。"于是，一哉说出了自己的发现："第二个场景和第四个场景都写着'我永远喜欢你'。"故事的结尾同故事的标题一样,写着'我永远永远喜欢你'。"听完他的话,昌子接着说："我想,之所以不把小精灵埋在墓地而是埋在庭院里,是因为想让它一直陪在身边。"

这样,以"某某地方,我认为——"为引子,38位儿童几乎都各自交流了自己的阅读心得。这种小声交流虽然对观摩教学的教师们来说极其细微,可在儿童中间却能听得清清楚楚,一个一个的声音汇成了共鸣与触媒,在课堂里交响。另外,尽管对观摩的教师来说他们的反应显得有些缓慢而迟钝,但相对儿童而言也是合情合理的。他们倾听着其他伙伴的阅读心得,这样的交流丰富了教科书中每一句话的含义。

但是,从山崎老师的教学意图来看,这堂课是不成功的。山崎老师原本是想让儿童们通过四个场景的阅读认识到对于小精灵之死,"我"比之任何家族成员(父母亲和兄弟姐妹)都更加伤心欲绝。不过,由于儿童对"我"与"小精灵"产生强烈共鸣,根本就想不到要同其他家族成员做比较。其间山崎老师让儿童们看插图,并试图让他们通过"我"与"其他家庭成员"在围着死去的小精灵时位置不同去发现这一点,然而,他们将其与前三个场景的插图相比较时,仅仅关注了"服装"的不同。教师不可拘泥于自己的意图——想到这一点的山崎老师又重新回到每一个儿童的阅读交流之中。这时,他决定点名让未举手的儿童回答,听听他们的见解。于是,"听了某某君的发言后,我认为——",与前半节课不同,他们把伙伴的阅读心得串联起来,继续展开自己阅读心得的讨论。

50多分钟过去了。山崎老师鉴于观摩者的时间安排只好宣布下课。整个课堂里一齐响起了期待的声浪："再继续下去","明天啊,等不及了","老师,等客人走后,我们再学吧"(笑声)。

二、对个体的应对与关联

（一）教师自身侧耳倾听

在课堂里构筑相互倾听关系,其出发点在于教师自身甘愿侧耳倾听每一个儿童的心声。曾经在新泻县长冈市黑条小学观摩的一堂课——胜沼文惠老师的二年级国语课《鳄鱼老爷爷的宝贝》,这堂课所显示出的教学原点——培育相互倾听关系,令人印象深刻。一踏进教室,在上课铃打响之前,22 位儿童已笑嘻嘻地坐在位置上。有的翻开了教科书在默读;有的看海报,讨论着前一节课的教学内容,他们早已热切盼望着课上与伙伴一道阅读故事了。

我不由得想起一年前,那时这个班级的学生还在上 1 年级的时候,教室的桌椅按U 字型排列,胜沼老师坐在教室中心的一把椅子上,他把情绪不稳定的儿童抱在膝上上课。现在这个班级的儿童和谐自然,从他们身上可以清楚地看到一年来细腻的师生关系的积淀。

开场白一结束,胜沼老师就在黑板上挂出了"巨型教科书"(海报纸),上面展示的是今天的教学场景:"戴着帽子的魔鬼之子","用'鳄鱼老爷爷'背脊上的皱纹地图开始探宝之旅",他在不知道宝贝究竟为何物的情况下来到了"悬崖峭壁"上,他并不知道脚下的宝物箱已经被埋了,于是错把"美丽的晚霞"当作宝物而沾沾自喜。在胜沼老师准备的"巨型教科书"(海报纸)正当中那幅彩印插图描绘的正是这一场景。

"巨型教科书"在黑板上一挂出,儿童们立刻说起了各自的疑问以及想要讨论的问题。芳雄先打开了话匣子:"上面写着'不知不觉地,魔鬼之子摘下了帽子'。为什么魔鬼之子会摘下帽子呢?"龙彦发言道:"'眼睛睁得圆圆的',为什么呢?"小正接着说:"我在想结尾认为什么是'永远看得见晚霞'?"其间,胜沼老师把一个个发言写进黑板上"巨型教科书"的相应的地方。

有意思的是,胜沼老师每走近一个儿童的身边,弯着腰,以同等高度的视线倾听他们的发言。由于所有的发言都是在走近儿童身旁倾听之后再填进"巨型教科书"的,因此每当儿童发言,胜沼老师就得穿梭于黑板与儿童的座席之间。通常教师的这种举动是很不和谐的,但胜沼老师的举动却并不多余,相反,这使儿童低声的交流顺利地展开,这是为什么呢?

(二) 应对的语言与体态

注意观察胜沼老师的举动就会发现,他与每一个发言儿童的距离并不相同。对需要帮助的儿童,他就站在触手可及的地方,而和那些已经习惯发言的儿童则会稍微拉开一点距离。而且,胜沼老师倾听的位置并不是在发言儿童的正面,而是和发言儿童一样都看着教室的中心,也就是说他站在发言儿童的斜侧面,儿童们所说的话他能够听得一清二楚,胜沼老师是作为儿童的代表来倾听每一个人的发言的。

我认为,胜沼老师对儿童发言的应对显示了教师基本的倾听方式。通常,教师是把儿童们"好的发言"串联来组织教学。不过,胜沼老师与儿童之间的关系却是迥然不同的。胜沼老师说儿童的阅读不应当区分好或坏,如果不以"任何儿童的发言都很精彩"为前提来组织教学,合作学习的关系就不可能生成。胜沼老师与儿童们以"每一个儿童的阅读心得都是无可替代"的信念为前提,创造了快乐教学的新天地。胜沼老师走近儿童的座位、倾听他们的发言,也是出于同样的信念:教师要像采撷珠宝一样珍视每一个儿童的发言。

惠子的疑问"魔鬼之子的眼睛瞪得多大"这个问题激发了他们的发言热情,从"为什么"到"多大"再到"怎样",他们讨论的中心问题在不断转换。从真奈美的"魔鬼之子是以怎样的心情摘下帽子的"到知子的"'世界上最美的晚霞'是怎样一种美丽",听了儿童们的发言就会发现,教学前半段主要是以魔鬼之子的行动为中心的疑问,而教学的中段已经发展到以文中描述的情景以及魔鬼之子的情感为中心的疑问,此后,又拓展到魔鬼之子看到的宝物究竟是什么以及"鳄鱼老爷爷"所埋下宝物的形状与宝物里面是什么东西的疑问。

儿童们的发言不断扩大,连往日不太愿在人前表达自己思考和情感的治夫和爱子也加入进来。黑板上"巨型教科书"的海报纸已经填得密密麻麻、一片漆黑,教室里之前使用过的"巨型教科书"的海报纸也都如此。课堂中的每一个儿童把自己的阅读心得满满当当地填入"巨型教科书"的海报纸,这本身就是他们已获得阅读快乐的明证。

不管怎么说,胜沼老师的倾听关系是富于启发性的。他总是站在儿童的斜侧位置侧耳倾听每一个人的发言,不得不说这正是倾听行为的原点。其实,即便不像胜沼老师那样走近儿童,也能够侧耳倾听儿童无声的语言,把儿童的发言同别人的思考"串联"起来。不过,从身体论的角度来说,即便是远离儿童的倾听,也需表现出像胜沼老师那样把自己的身体置于贴近儿童的位置。这样,儿童才能将教师作为亲密的倾听者,从而自由地表达自己的所思所想。胜沼老师不是在头脑中移动分身,而是亲自走到儿童身边。教师要成为一个出色的倾听者,要建立与儿童的密切关系,就要像胜沼老师那样去行动。

胜沼老师应对策略的核心在于"倾听"

(三)学习的拓展

学生的发言陆陆续续填入"巨型教科书"的海报纸,全然没有结束的迹象。已经有好多学生表达了自己的若干疑问与思考,30 分钟过去了,发言还在持续。说单调,也确实是在单调地展开。受到课文中话语的启发,学生们各自表达了自己的疑问与想要深入阅读的部分。胜沼聚精会神地听着,写在挂在黑板上的"巨型教科书"的海报纸上。虽然填入的内容以"为什么"、"怎么样"、"什么时候"、"谁"等等疑问为中心,但同时也写入了"用语言表达心情"、"解读情境"和发现事件"关联"等课题。学生对伙伴的发现喜形于色，不断思索着填入的课题。因此，尽管展开是漫长而单调的，但学生们丝毫没有厌倦。

当教学进行了30多分钟之后，胜沼老师终于说："已经是满满当当了。"学生们的发言告一段落，开始转入根据课文依次对填写的内容进行合作探究的活动。

首先是关于"魔鬼之子"望见晚霞，"眼睛睁得圆圆的"这一部分，正夫发言道："因为晚霞太美了。"和树说："因为魔鬼之子生平第一次看见了这么美的晚霞。"辰夫又加上了一句："因为这是世界上最美的晚霞。"即便是"眼睛睁得圆圆的"这一句，儿童们也相互交流各自的心得，使阅读得以拓展和丰富。胜也说了一句："魔鬼之子'站在悬崖峭壁上'，由于是从险峻的岩壁上看见的，所以晚霞分外美丽。"此时，整个意境立刻被拓展开来。正美发言说："魔鬼之子的周边一片晚霞，他被美丽的晚霞笼罩着，熠熠生辉。"受到"熠熠生辉"这个词语的触发，儿童们又展开了一番议论。信夫说："一定是天神播撒给凡间的晚霞吧。"

然后是讨论"美丽的晚霞"，接着讨论"'不由得'摘下了帽子的'魔鬼之子'的心情"。所有这些意象的交流以及深度阅读的展开竟然出自二年级的学生，真是不可思议。以文中的词语来交流阅读心得是教学的核心课题，给学生们带来了合作学习的乐趣。下课铃声响了，尽管胜沼老师几度提议"就此结束"吧，但儿童们阅读心得的交流却仍在持续。胜沼老师通过倾听关系形成的合作学习，为返璞归真的教学全面展开提供了可能。

三、问题分享与深入探究

（一）问题产生的时刻

茅崎市滨之乡小学的佐藤敦子老师在2002年3月，上了一堂四年级的算术课——"分数"。这个月也同样获得了来自全国各地100多名观摩教师的热切关注。开始上课，佐藤老师的问题是："两块蛋糕3个人分，该如何分？"儿童们4人一组，正中间摆着一个碟子，上面放着两块包着保鲜膜的蛋糕。佐藤老师提问的话音刚落，各个小组就窃窃私语般小声讨论起来。仅仅几分钟的观察就可以发现佐藤老师的教学与之前大不相同。

一年前,佐藤老师成了滨之乡小学的一名临时教师。观摩了教师们的教学之后,我对佐藤老师的第一印象是"一年之内她无论如何都上不了像样的课"。算术课也是同样,我断定:"合作学习的教学是不可能的,能够让学生熟练地掌握运算方法就不错了。"因此,无论是校本研修还是学年研修,佐藤老师都退避三舍。这样一来,她就与热衷于教学研究的其他教师拉开了距离,只能拼命地保持自己的教学步调。

　　是学生们改变了佐藤老师的教学。首先,爱好算术的学生提出了这样的要求——"希望像三年级的时候那样合作思考"。佐藤老师对此仍然置若罔闻,她觉得这只是擅长算术的学生对她的不满而已。不过,到了第二学期,就连讨厌算术的胜也和昭夫也开始发泄不满:"我们要上合作学习的课。"这种情况与"能够稍微掌握一点算术知识就行了"这一最低限度的目标相反,连讨厌学习的胜也和昭夫也要求进行"合作思考的教学"、"合作探究的教学",佐藤老师于是决定,尽管时日不多,但教学方式已是非改不可了。这堂"分数"的公开教学课正是佐藤老师自身的变化与课堂进步的充分体现。

　　回到课堂,首先,佐藤老师点名让良子回答,当时她正用手比划着切蛋糕的动作,她说:"每个蛋糕三等分,切两块蛋糕,就可以。"美智子的声音响起来:"两块蛋糕一起切,简单得很。"在这里,佐藤老师并没有忽略讨厌算术的胜也和昭夫纵向切的动作,她做了个纵切的手势,说:"胜也是这样切的哩。"并评价道:"这个想法也不错。"各个小组又重新议论起来。这种敏感的反应与知性的微笑显示出,在短短的几个月间,这个课堂里已构筑了合作探究的关系。同样昭夫也叽叽喳喳地说道:"胜也的想法好,因为一遍切不出三人均分的两份。"

　　佐藤老师指导说:"一个蛋糕三人分的时候,无论良子的切法还是胜也的切法都是可以的。那么,究竟用良子的切法还是用胜也的切法呢?大家想想看,然后切切看。"其间,各个小组还在继续议论,学生们产生了这样的疑问:一个蛋糕三个人来分的话,应当是各切成"三分之一"。然而,一人份的蛋糕为什么是"切成三分之二"呢?

（二）认识的分享与发展

　　为使"疑问"(question)转化为"问题"(problem),就要与其他人的疑问进行交流。进入小组作业之后,每个人的思考就发展为四人见解的切磋。纵12.8厘米、横9厘米的蛋糕两块,儿童们围绕着蛋糕的切法展开了持续不断的讨论。儿童们一边用尺子量，一边用纱线将长度三等分，并以此为媒介讨论起来。讨论之所以会持续，其原因在于：一是，各个小组到底选择哪一种切法，是按照梁子说的横向三等分，还是按照胜野说的纵向三等分，大家莫衷一是；二是，纵切的是9厘米的三等分，很简单。但如果横切的话，则是12.8厘米的三等分，就不那么容易。这也是佐藤老师备课时的一个预设，与其简单地切，还不如充分讨论切法，这样可以丰富以下步骤的探究。

事实上，小组讨论中还存在着一个隐蔽的问题——蛋糕三等分的话，1人份就是三分之一，但实际上切的时候是切成三分之二，为什么呢？不过此时，这个问题仍隐蔽在切蛋糕的作业背后，尚未明确地显现出来。在讨论与作业过程中，佐藤老师一边巡视各个小组，一边说："3个人分1块蛋糕——"这是引发探究的关键性话语，令人深思。

由于克久的敏锐思考，靠窗的昭夫小组才能够继续愉快的讨论。"明白哩"与"头脑好像混乱了"的讨论声此伏彼起，克久认真地听取伙伴们的意见。多亏了他这种旺盛的探究心理，虽然这个小组没有切蛋糕，但已经把问题弄清楚了。佐藤老师在黑板上画出了1根棒，在确认了"把这个三等分"之后，分组讨论"一人份用分数怎样表示？"

其间，发生了一件小事，昭夫小组的道子突然哭了。原来这个小组切蛋糕的动作缓慢，由于问题有点抽象，昭夫开始陷入混乱，并对道子出言不逊。佐藤老师亲自跑过去，简单地安抚了一下道子。此时各个小组的答案都写在了黑板上，于是进入班级全员的讨论阶段。

寻求"合作思考"的儿童改变了佐藤老师的教学

（三）新探究的开始

"两块蛋糕3人分,1人份是多少?"——因为是三等分,所以是"三分之一",但是一人份的蛋糕是"切成三分之二。"学生们努力地钻研这个难题,讨论的结果是"六分之二"的答案。确实,这样的话,切成三分之二是可以的。但是,尽管大家都同意"六分之二"的答案,但有的小组记作"三分之一",而有的小组记作"三分之二"。

佐藤老师在黑板上那根棒术的下面,又画出了3根"三分之一"的棒,再下面又画了6根"六分之一"的棒。她让学生们注意黑板上的图,反复地询问:"1人份是多少,三等分的话应当是三分之一,但是,为什么切成三分之二?"这里的议论也似乎是一石激起千层浪,各种意见迭出:"由于1根是三分之一,所以,2根就是三分之一加三分之一,就是三分之二"或是"2根分成6份,其中2份就是六分之二"。

分数与小数的区分是小学算术的最大困难之一。正如欧美人用分数来表示quarter(25%)硬币一样,欧美人更熟悉分数;而日本人则用"三分金"来表示,这说明日本人更熟悉小数文化,即便熟悉分数,也可能不熟悉小数。儿童们产生混淆是理所当然的。从这个意义上说,儿童们回答六分之二就颇具深意了。

根据佐藤老师的判断,倘若分不清分数和小数,那么暂时的困惑是必要的。"两块蛋糕三等分,用分数来表示1人份是多少呢?"正确答案是"三分之一"与"三等分的两块"。但是,学生们尚未达到这个思维高度。

在这里,元树提出了绝妙的疑问:"如果是六分之二,两块的话,就是六分之四了。这样不就糟了吗?""什么意思? 不懂。"悟郎胡乱插嘴道。佐藤老师并没有以严厉的语气提醒他,而是询问大家说:"元树的疑问是什么意思?"悟郎仍反反复复地说:"什么意思,不懂。"佐藤老师责备道:"请谁把悟郎的嘴堵上。"于是课堂里传来一阵爽朗的笑声。佐藤老师的一本正经也是一种幽默,她在这里点名让刚才弄哭道子的昭夫回答,并打趣他道:"在老师最重要的课上把女生弄哭。"在大家的笑声中,提醒昭夫认识元树提问的意义。

佐藤老师了解昭夫弄哭道子的原因在于道子固执地打扰昭夫切蛋糕,应当受责备的是道子。不过,佐藤老师也理解责怪哭泣的道子是愚蠢的。因此,通过幽默的斥责让昭夫摆脱窘境,回到教学的轨道上来。如此缜密的考虑使得课堂的合作学习能够进一步向深度发展。

整节课持续了 60 多分钟。元树提出的问题不得放到下一节课了。学生们左思右想,直面一个又一个问题,这堂课是非常成功的。当佐藤老师提出"好,为了下一节课,请用保鲜膜把蛋糕包好吧","唉——"的声音,响彻整个课堂,"我们想吃"、"再思考一下"的声音彼此交织。其间,昭夫已经拿起蛋糕的一角大嚼起来,佐藤老师一边制止昭夫,一边宣告教学结束,之后又补充了这么一句话:"大家每组 4 个人呢,想吃蛋糕的话,先讨论一下如何把三等分的蛋糕变成四等分然后再吃。"(大笑)

四、把探究的思考串联起来

(一)课堂的风景

有一些课堂教学总令人记忆犹新。三年前我观摩的湘南学园小学(神奈川县)五年级志村裕行的语文公开课就是一例。那时,志村老师硕士毕业,初到这所学校。一进入教室,志村老师就坐在四角形排列的课桌椅旁,然后将课桌椅摆成 U 字型,49 名学生落座。志村老师与学生视线等高,整个课堂犹如大学的讨论课。

"好,开始吧。"随着志村老师一声呼唤,上课开始了。教材是高见顺的名作,以"我是一棵草,我要生长"开篇。全班读完诗之后,开始交流对上一节课志村老师介绍的高见顺的另一首诗的感想。学生们七嘴八舌地说:是"空灵的"、"寂寞的"、"恐怖的",与《我是草》这首诗的"强劲"风格"迥然不同"。志村老师的声音,无论是音质还是内容都流利清新,令人神清气爽,这种神清气爽构成了课堂的气氛,给人以不可思议的安心感,让人完全想不到这是刚刚走上讲台的新教师的课。

志村老师给学生们分发了空白的笔记纸,让他们读完《我是一棵草》之后写出自己的印象,希望他们写出"这是棵怎样的草"、"有怎样的感想"。学生们似乎在提炼各自的思考,接过笔记纸默默地写起来。他们不时交头接耳地交换意见,时间一分一秒地过去了。

志村老师先是走到俊树的座位旁,俯身在他耳边悄声鼓励。在确认了俊树有了进展之后,他走近一个个需要帮助的学生身边进行辅导,不时还有学生举手请求帮助,这需要教师有足够的时间细致地加以应对,志村老师似乎深知其中的重要性。预定的时间是 5 分钟,但志村老师决定延长,因为几乎所有的学生还在加紧记录。8 分钟过去了,志村老师提醒说:"还剩 1 分钟的整理时间"。他再一次走到俊树身边,确认了他的进展,于是向全班学生提问。

志村老师询问了对于"草"的印象,是"孑然生长的一棵草",还是"杂草丛中的一棵草",或是"草原的草"。虽然写"草原上的草"的人略少一些,但大家对草的印象大体可以分成这三种。

(二) 把声音串联起来

让我吃惊的是,在这里志村老师说:"今天是 5 月 14 日,我会从 4 号开始依次点名发言。"在如此缜密的教学中,采用这种发言方式实在是糟糕透顶。点名是把儿童与儿童串联起来、见解与见解串联起来的一种最重要的教学活动,是考验教师的深邃的洞察力与见识的活动。这是否就是新教师的局限性呢? 我感到些许的失望。

按志村老师的点名,正志发言说:"草是一棵,这棵草写的是作者本人。"志村老师接着询问其他学生是否也有同样的说法。"后面,8 号的同学。"真知子发言说:"草在拼命地生长,在不显眼的地方拼命迸发出草的生命活力。"志村老师一边点头,一边点名:"好,12 号。"和子说:"我看这棵草呀,是生机勃勃的。"这时,志村老师突然以严厉的口吻斥责道:"健史,好好听一听人家的话。"健史确实有点唠唠叨叨,志村老师这一声严厉的斥责,令我感到意外。和子发言一结束,16 号的达夫接着说:"嗯,我认为,草洋溢着生命的活力,作者是这棵草。"

志村老师点到"20 号"同学的时候,课堂里骤然紧张起来。刚才受到斥责的健史大声叫道:"不妙,老师,不妙哦。"志村老师对此置之不理,仍问道:"俊树,你觉得呢?"志村老师在作业阶段最先鼓励的就是俊树,俊树看着志村老师的脸,默默地摇着头。

此时,我了解了全部的情况。俊树是个缄默不语的孩子。多少年来,他在学校里一直未曾开口说过话。志村老师之所以从 4 号开始点名回答,就是为了给俊树一个发言的机会。我曾经失望于志村老师指名方式的幼稚,现在才意识到是我错怪了他,为此我不由得感到羞愧。我对老师斥责健史感到意外也是如此。当点名让 20 号俊树发言之际,健史发出"不妙"的叫声,这也在志村老师的预料之中。最后的结果是志村老师的提醒起到了反作用。健史知道了志村老师的意图。为了还击老师刚才的斥责,他发出了"不妙"的叫声。不过,其他的同学是本本分分的,他们屏住气息,等待着俊树的反应。课后,志村老师对我说:"我想如果除了健史之外的其他人也发出'不妙'的叫声,就得重新调整对俊树的应对方式。成败与否,在此一搏。"

正当俊树默默摇头之时,志村老师点到正弘,说:"旁边的正弘同学,你来读读俊树写的东西。"突如其来的要求让正弘有些慌乱,他拿过俊树写好的笔记,逐字逐句念了起来:"因为后面的部分写着'绿'字,所以是长出的草。不过,最前面的部分是生长,生长,不停地生长——"俊树心情舒畅地听着自己的见解得以表达,不仅如此,在念到"然后,在生长的地方——"时,正弘念不下去了,停顿了下来。于是,俊树用手指指着笔记,开始转告给正弘。这样,俊树的见解通过正弘的"和声"传递给了全班同学。在这里,俊树满足的表情令人感动。志村老师确认:"如此说来,俊树想象中的草是一棵草呢。"俊树连连点头,大声地"嗯"了一声。

这样就按照24号、28号、32号、36号,一直到最后的顺序来点名回答。接着俊树的发言,雅惠说:"因为同样的词语多次反复,所以高见先生是在重复着同样的东西。"

志村老师找到了高见顺的诗与俊树内心世界的关联

和弘说："为自己打气，以不负于草的精神求得生存。"美纪说："草生长在不起眼的地方，让我佩服。"最后是理惠发言，她说："我想这是草原上蓬勃生长的一棵草。"理惠的发言切断了此前发言的连贯性，所以，志村老师几度想从理惠口中引出串联的话语，不过，因为是根据学号顺序来发言的，所以要在这里串联起来谈何容易。

（三）把教材串联起来

志村老师介绍了一本书，是高见顺在昭和二十年 1 月 1 日至 12 月 26 日写的《败战日记》。他在 1 月 11 日的一节中写道：患有神经强迫症的高见惧怕针与刺刀，他一看见白墙，就会产生有人出来的幻觉。其中的每一句话都令俊树目光炯炯。志村老师解释道："像高见顺那样具有非凡思考力的人，往往容易想入非非，从而陷入焦躁的状态。"同时提醒大家注意昭和二十年正是战争正酣之际。

接着，他介绍了 2 月 14 日的日记中的《旱田之土》中歌颂"我的心如同冰冻的旱田之土"的一节。高见感动于"僵硬的冻土下面有着松软的泥土"，"旱田之土是有生命的"。学生们异口同声地说："绝望之下有希望。"

至此，志村老师在教学中所追求的境界愈加分明。志村老师探讨的是在黑暗的时代内心郁闷的高见顺先生诗歌的境界与常年缄默不语、饱受煎熬的俊树的内心世界之间看不见的关联。相信这首诗可以引发俊树的内心深处发生强烈的共鸣。正是这种链接从根本上支撑了这堂课。于是，通过俊树及其发言，俊树以外的其他学生也能够从内心里获得对这个未知世界的体悟。探究的课堂为种种声音的串联准备了条件。

当志村老师说到"在《败战日记》中发现了《我是一棵草》"的时候，整个课堂叫声一片："哎？真的吗？""原来是以这么郁闷的心情来写的呀"、"难以置信"……志村老师读起了诗中的一段。"绿油油的草，美极了。我是一棵草，我要生长——"接着，志村老师还给儿童们介绍了随笔的一部分：在高见挣扎在"死亡"的边缘、处于"泥沼般的境地"时，在"杂草丛中"发现了"生命的本真表现"。儿童们对其中的一字一句频频点头、长吁短叹，低声自语"完全是不同的意境啊"。

当然，不同也无妨。最后，志村老师强调说："即便同学们的感触有所不同，也是精彩的。因为你们每个人的心中生成的是自身特有的体验，所以要格外珍惜啊。"这堂课就这样结束了，目光炯炯的俊树频频地点头微笑。

五、从调查活动到探究活动

（一）从调查活动开始

1999 年 9 月，我在新泻县长冈市黑条小学观摩横山直子老师的公开课。第一次观摩横山老师的课已是 7 年前的事了。当时观摩的是一节算术课，而这次观摩的则是社会科。学科不同还是其次，课堂中和谐的气氛，横山老师在与儿童自然沟通的状态才是令人难忘的。可以说这个课堂充满着"成熟的感觉"，能够让人稳定而沉着的学习。

教学的主题是"从事工业生产的人们"。战前，寒川道夫曾在黑条小学开展生活作文的实践，其中以大关松三郎的儿童诗集《山芋》最为著名。如今农村地区都建起了很多中小型精密机械工厂。横山老师决定以这些精密机械厂劳动的人们为主题展开关于"从事工业生产的人们"的学习活动。30 多名学生被分为 4—5 人的小组，分别造访不同的工厂，仔细观察工程的进展，并对工厂中工作的人们进行采访。

一进入教室就看到一张海报纸，上面展示了标有工厂地址的校区地图以及所造访的工厂的工程作业概要等。横山老师站在坐成 U 字型的学生们面前，说道："去工厂时我们发现工程作业有质量检验的项目，所以今天就来谈谈检验的话题吧。"

聚焦检验的理由有两个：其一，在精密机械厂里，检验具有特别的意义；其二，通过详细地了解检验，可以很好地理解黑条地区工业的特征。横山老师的开场白一结束就走到了最后一排的义和身边，问道"怎么样啦，身体不好？"脸色不好的义和轻轻地点了点头，然后向保健室走去。这么一个细节充分表现了横山老师对于每一个儿童的悉心关照。

最先举手发言的是敏树，敏树造访了田原铁工所，并记录了工厂里的若干检验工具，诸如卷尺、测高仪、矩尺、曲尺等等。它们分别是测定长度、高度、厚度和角度的工具。在检验工具中，敏树对电子色分解机表现出了兴趣，这是用以发现焊接缝隙的小工具。据工厂的人说，吹入一点红色的液体，再用显像液洗干净，细小缝隙就会染成红色，从而就发现了这些小缝隙。如果再发现不了就可以借助 X 线来检验。

在敏树发言的过程中，芳夫提问道："洗干净是怎么回事？""浸透又是怎么回事？"

可以说,敏树和芳夫的发言显示了横山老师教学的特色。从敏树的发言可以看出,儿童们对工厂的观察与采访是相当专业的,即便是一种检验工具,也要细致入微地加以观察和报告。尽管如此,这种专业而详尽的观察报告是对所有的儿童开放的。容许坦率的诘问,尚未理解的儿童可以自由地走到黑板前面仔细研读海报纸上归纳的发言要点,从而鼓励儿童进行广泛而深入的学习。

(二)交流各自的发现

在合作学习、合作探究的课堂里,一个人的发现会唤起其他人的发现,从而产生新发现的连锁效应。关于敏树的发言,香苗接着说:"我去的工厂里使用一种名叫卡尺的工具。"听了香苗的发言,和子发言道:"我去的工厂里,老爷爷不说'卡尺',而是加重理了语气说'嘎尺'。"课堂里荡漾着一片笑声。在把"卡尺"唤作"嘎尺"的语调之中,和子感受到熟练匠人的气质。

和子继续说:"熟练工爷爷是以毫米为单位来测量的。"于是,道久、太一、明人纷纷发言说:无论缝隙的直径、长度、深度,都是以"毫米"为单位来检验的,图纸也全是用"毫米"来标注的。而后,美和子补充道:"卡尺精确到100分之1毫米。"香苗发言说:"产品是在100分之2毫米的范围内检验的。"俊夫进一步报告了用测微器和内侧测微器的检验方法,他所造访的大村制作所的产品不仅要在工厂里检验,还要拿到长冈市的技术企业里去检验呢。据说,长冈调查所会用三维测定器通过电脑进行精密的检验。

这堂课从各式各样的检验工具开始,渐渐地转入对本地区的精密机械厂的产品的精度以及检验系统的关注。横山老师敦促俊夫向大家介绍一下从大村制作所拿来的产品。一个是手掌大小、中心有孔的旋转轴,另一个是大拇指大小的螺帽。前者一个卖7000日元,后者一个也要120日元。产品的价值是由制造费用和所需的劳动时间来决定的。据说一旦出现次品就得送往长冈市的再生工厂。

最令俊夫吃惊的是,以手工操作为主的大村制作所里,每年次品的数量只有一两个,足见其精度之高。工人们全部都达到了100分之2毫米范围内的精度要求,这些熟练工人的高超技艺真可谓巧夺天工。

听着俊夫的发言学生们喃喃细语着:"田原铁工所是永不言败的","中越工业的产品精度保持在100分之5毫米的范围内。""在长谷川工业使用气缸仪来测定产品,其精度达到100分之1毫米。"每个人的经验互相链接,形成了新的发现和意涵。接着俊夫的话音,真人报告说:"检验的时候必须保持一定的温度,长谷川工业是以23度为基准来测定的。"然后又补充了一句:"虽然黑条地区工厂的工人并没有检验资格,但其产品的精度极高,检验也非常准确。一个零件从100日元到20万日元都能生产。"

横山老师的课堂渗透着探究学习的精髓

(三) 探究与认识的分享

由于儿童们发现的交流有了进展,横山老师决定以具体的实物形象来看100分之2毫米究竟是怎样的精度。一张纸的厚度通常是10分之1毫米。那么,一张纸的厚度的10分之1就是100分之1毫米,听后儿童们迸发出"唉唉","不得了"的感叹声四起。

横山老师又让儿童们触摸500张一叠的纸与499张一叠的纸,并询问哪一叠更厚,这是仅仅10分之1毫米的差别。熟练工人几乎用纯手工技术连续制作精度为100

分之1毫米的产品,他们的技术实在是令人惊叹。平日里司空见惯的小小村镇工厂里竟然有如此技艺高超的工匠,在未上这节课之前,连横山老师本人对此也并不知晓。这种惊异氛围支持着课堂中生动活泼的学习。

由此,横山老师提出最后一个问题——"产品的检验仅仅是在工厂中进行吗?"横山老师的意图是让儿童们就村镇工厂里劳动的工人们的辛劳展开讨论。让他们知道黑条工厂制造的产品,发货后还要经受多次检验。黑条的中小企业位于产业链的末端,来自上层企业的强逼加剧了中小企业之间的相互竞争。他期待儿童们能够理解到这其中的辛酸。

不过,遗憾的是,横山老师的问题并没有成为儿童们探究课题。对于横山老师的提问,俊夫发表见解说:一个产品用测微器来测定,而下一个公司则用X线和三维测定仪来检验。康子报告说,她造访的工厂是专门供货给协和工业公司的,产品检验中出现任何一丁点儿瑕疵都得退货。

不过,这些发言都在强调黑条工厂里熟练工人的技术高超,却并没有理解这些工人的"辛劳"。"理解劳动工人的辛劳"这一"社会科的常识",使得横山老师远离了儿童们的学习逻辑。横山老师觉察到了其中的差距,于是他避开了过分的要求,及时终结了这堂课,并告诉学生:下一节课将通过"检验"所发现的黑条地区工业的特征来认识劳动工人们的状态。

横山老师的社会科教学显示了从调查活动发展为探究活动的线索。重要的是,儿童们对调查与发现的交流是如此的专业而详尽,根本想象不到这些居然是由小学生做出来的。那些肤浅的调查活动只能产生肤浅的认识。既然是做调查,即便是5年级的学生也须进行透彻、潜心而详尽的专业学习。在这一点上,横山老师对儿童既不迁就也不妥协。在横山老师的社会科教学中渗透着以主题为中心的、细致而深入的合作探究学习的精髓。

第三章

创造合作探究的教学

一、串联起发现与惊喜的合作探究

（一）以倾听为中心

建立合作学习关系的教师具有共同的特征，即教师的活动追求的核心是"倾听"。"倾听"这一行为最初虽然是被动的活动，但是对于创造性的教师来说，却能够在儿童之间建立最为能动的关系。福岛县郡山市金透小学的菅野哲哉老师的教学总能让我感受到这一点。在该校2月的公开研究会上，菅野老师在体育馆给五年级的学生上了一节理科课，课题为"水的膨胀"，800多人从旁观摩。

"水的膨胀"虽然是容易观察的现象，但是解释原因却并非易事。菅野老师列举了开水沸腾溢出的现象，并向儿童们提问"为什么开水沸腾会溢出？"菅野老师的教学首先从全体儿童共同思考问题开始。这一天菅野老师还是在儿童边上坐下，一边认真关注着每个人的低语及表情的变化一边讲课。菅野老师与儿童的关系用比喻来形容的话那就是"触觉式"的。"倾听"的行为最初是听觉感受到声音在空气中震动的活动，所以其自身也是触觉的。菅野老师即使在讲话的时候也会集中精力去倾听，并在每位儿童之间建立触觉的联系。创造合作学习关系的教师正是注重建立以此为出发点的精致关系，为整个教学的生动展开做好准备。

"产生的气泡使水溢出来"，"是气泡把水挤压出来的"菅野老师一边重复着儿童们的低语，一边往烧瓶中加水，插电加热，并做起了测量水位和重量变化的实验。这用以证明水的"不可思议"的实验。加热的烧瓶用黑纸箱罩起来。30分钟后验证其变化。期间，儿童们也做起了实验，他们4人一组将插有细玻璃管的试管中的水放在开水上,并观察水位的变化。

（二）发现与惊喜的相关

菅野老师给 4 人小组的桌上放两套实验器材,儿童们两人一组开始实验。这里的小组活动表现出了其班级合作学习关系的卓越性。在两人一组的实验中可以看出每位儿童非常自立,学习过程中可以看到他们在笔记上仔细记录实验数据的身影。但是这种个人的活动又是对话性的,学生们始终小声地交流着各自的发现,每桌 3、4 人在讨论。过了一会儿,儿童们不仅仅在小组中讨论,还会与其他组交流意见,将新获得的信息加在自己的笔记中,然后继续与周围的同学交流,与同组的学生讨论。与外物的对话、与他人的对话、与自己的对话复杂地交错,形成了多元的、多层次的交响。

在约 15 分钟的小组实验过程中,菅野老师穿梭在各个小组间,观察他们实验的情况,专心地进行"串联"活动。这是串联实验与儿童的活动,是串联儿童与儿童的活动,是串联每一桌讨论的活动。共同学习的关系通过教师的"串联"活动得以实现。如果说学习是与外物、与他人、与自己的相遇和对话,是构成意义和关系的活动的话,要触发和促进学习就需要教师将"串联"作为课堂的中心活动来展开。

菅野老师偶尔向学生们发出"啊"、"啊"的声音,这是表示在实验观察中获得惊喜和新发现的声音,此时这里的"啊"、"啊"声反映了正在体验新发现和惊喜的儿童们的心声。同时,这种声音也强化了儿童观察实验的自身动机。这里的"啊"、"啊"声表明了方向,使儿童们能够怀着对微小的现象的巨大感动继续观察。

实际上,菅野老师的教学与一般的理科教学有所不同,一般理科教学是设定假说或预想,通过实验并讨论其结果,从而形成"假说—实验—验证"的教学形式。"假说—实验—验证"的方法仅仅是科学探究中多样方法中的一种,即便如此,一般的教学都将"假说—实验—验证"看作科学探究的唯一方法,使其在教学中占有主导地位。这种"假说—实验—验证"的主导使教学变得异常单调。而菅野老师课上"实验"的目的不是"验证""假说",而是通过实验专心观察现象。正因为以仔细观察现象为目的,儿童的学习形式便更加多样而丰富了。

即使明显观察到加热使水位升高这一现象,但儿童们仍然不能放弃"水泡使水位升高"、"水泡把水的表面抬升"等说法,他们把"水泡"看作水位变化的原因,即使是试管壁上一个细小的水泡也会被儿童解释为提升水位的原因。可见,他们的思考是多么的固执。

　　这里,菅野老师让儿童们集中起来,一边让他们以"水泡"来解释水位的提升,一边将烧杯中放入冰水混合物使试管冷却,让每桌的学生观察试管中插入的玻璃棒的水位下降的现象。他们在观察冷却的试管中插入的玻璃棒水位下降的现象时比观察浸入开水中水位上升的现象更为用心,并沉浸在这种发现和讨论之中。

菅野老师引发低声讨论的身姿令人赞叹

（三）走向合作探究

　　试管中的水冷却后水位下降,儿童们带着惊奇的目光观察着这一现象,同时也放弃了"水泡"的解释方式。虽然沸腾时产生泡沫,但是冷却的时候并不产生泡沫,因此水位的下降与泡沫并没有关系。这样上课之初有人小声提到的"水的膨胀"就成为解释的重要假说,水可能会"热胀冷缩"。

　　菅野老师的教学是以每个个体之间的互动而形成的合作学习为核心展开的。一般教师会将儿童学习的成功看作自己指导的结果,而将儿童的失败看作儿童的性格、态度和家庭环境的结果。但是,如论成功还是失败,很少有教师意识到儿童的学习除了受到教师指导的影响外,还受到儿童之间相互学习的强烈影响。菅野老师是少数教师中的一位,他意识到儿童的学习不但是通过与教师的交流,更多的是通过儿童之间相互交流而展开的。所以,菅野老师组织儿童进行小型的对话,细心关注儿童的低声地交流。这次教学是由教学的开始、中间和结尾的三次对话组织而成的。与围坐在教室前面共同讨论相比,实验中各自小组的小型对话使学生们学到了更多、更实际的东西。在建立了共同学习关系的教室中,儿童的学习总是能够超越教师的计划和认识而深入展开。实际上,这节课中,儿童们学习的重要部分基本上也是在两次实验过程中的小组合作中实现的。

另外,菅野老师的教学中体现了支持合作学习的原则,即以疏离的儿童和学困生的共同学习为中心的教学策略。这种教学策略使儿童将不可能变成可能,为儿童准备了生动交流的舞台。在这个课堂上,平时不善交往的由香成了这个舞台的主演。在全体集合的时候,由香总是能够挨着菅野老师,情绪平稳地参与到讨论中去。她时而担任教学助手,向菅野老师传递器具和资料,时而活跃地表达自己的发现,引导课堂上的学生展开热烈的讨论。

这样,"水的膨胀"这一理科的教学课题进入了最后的总结阶段。儿童们围坐在教师的前面,确认冷却水的水位变化,当老师揭开刚上课就开始加热的烧瓶外的黑色箱体时,烧杯中沸腾的水位已经飙升超过了魔法线,但是测定其重量却没有变化。菅野老师提出了烧杯水位的上升"不是水泡造成的吧",此时没有一个儿童回答是水泡造成的。刚刚上课中有人提出的"水会膨胀"的低语已经成为全体儿童的共同认识。当然,这并不意味着可以向儿童们解释"水的热胀冷缩"现象的原因。"水的膨胀"是科学探究的问题,菅野老师将这一问题命名为"水的不可思议",并设定了下一节课的探究课题,整节课结束,静悄悄的余音久久不息。

二、从相互倾听到交响

(一) 交流

合作学习的课堂将从互相倾听的关系发展为交响的关系。神奈川县茅崎市的滨之乡小学的西冈正树老师正是这样一位培养每位儿童的个性,在课堂上建立交响关系的教师。下面就介绍一下2000年11月西冈老师的"白帽子"一课。滨之乡小学是"学习共同体"的领航学校,这一天恰好是每月一次的公开日,来自全国的50多位教师前来参访,并观摩了西冈老师的课。

由于参观者的到来,儿童们提高了音调、更加踊跃地举手,西冈老师的课从平复儿童的情绪开始。这一天将学习课文最后的场景——蝴蝶像是边舞边叫着"太好了,太好了"。首先宏美发言说,这个场景是"前来帮助的蝴蝶想把松井带到一个像天国一样的地方"。美津子听了接着说,"迷迷糊糊"、"肥皂泡破了"这些词语都能让人感受到松井特有的温柔,桃子接着说,"之前发言中的'松井的温柔'"是大家能够感受和传递的温柔。

儿童们与西冈老师的表现都是自自然然的,他们的思考和情感也是柔和的,我被这种自然地展开深深吸引了。仅仅几分钟,虽然这三个人的发言只是众多举手儿童中的一部分,却将贴近课文核心的思路如织物一样编织起来。这个故事始于松井母亲寄来"传递"初夏香气的橘子,而松井的职业是"递送"的出租车司机。从这个角度讲,蝴蝶的舞蹈所象征的松井的温柔用"感受的温柔"、"传递的温柔"这样的词恰如其分地表达了本文的思路。

志津子一副熟知的样子,她说:"第60页中说车上确实残留着夏日橘子的香味,这个故事虽然说的是一天之内发生的事,但感觉又不是一天之内的事。"良子回应说:"哎?这是一天吗?"接着,小隆说:"59页中后视镜中出现的女子不是灵魂吧?"幸男受到"后视镜"说法的触动,他说:"对,在竹尾君做出'O'字口型的时候,松井的口型也是'O'字的呀。"全班同学都大笑起来。

西冈老师叫到义人的时候,他好似在自我反省地说:"我刚才没听课",西冈老师苦笑着:"这真是义人的风格啊",他用幽默的方式对义人的溜号和坦白表示理解。

(二) 联系链

合作学习的教学是由每个个体的互动所形成的意义链和关系链构成的。教材与学生、教材的语言之间、多重的意义之间的联系,儿童与儿童之间以及今天的儿童与昨天的儿童之间、课堂上多元的、多层次的联系如同织物一样编织在一起。

里美接着西冈老师的话,发言说:"我认为60页与61页的'考虑考虑'、'如舞蹈一样'、"夏日橘子的香气"之间是存在联系的,在松井的心中,'男孩的白蝴蝶飞走'和'夏日橘子的香气'是联系在一起的。"但是这种说法似乎言之过早。

有些儿童还没有理解里美的意思,他们说:"如最初宏美所说,白蝴蝶意味着'天国',所以飞舞的蝴蝶说明所有人都死了吗?"全班大笑起来。接着裕子说:"这个声音传到松井那里,因为用'传到',所以在蝴蝶飞走的时候松井可能是弓着身子的。"正志听了接着说:"第59页,松井的心中充满笑意,我想这种笑意是一直持续的。"

西冈老师想让儿童们结合最后的场景来讨论,于是他说:"大家充分说出了自己心中的理解,那么如果结合今天的场景呢?"西冈老师的话指出了方向,于是儿童们的发言掌握了主导权。

达人被西冈老师的指导打断,他接着说:"我的想法是与正志相联系的,54页中茸山幼儿园的竹尾君好像魔法的咒语一样。"达人认为那是松井在自我暗示,美津子补充道:"男孩子只是幼儿园的小朋友,他会认为蝴蝶是幻化的。"

西冈老师的课堂是个性与共性的统一

当然，其中有些儿童跟不上这样快的文脉链的节奏，此时一个声音直言道"我不懂"，这正是西冈老师课堂的可贵之处。即使在如此复杂的情况下，克人仍说"我不懂"。美智子回应道："这是我的想法，可能松井也变成了幼儿园的孩子"，她加入了新的解释将讨论进一步推向深入。

受到美智子的"松井也变成了幼儿园的孩子"的观点的触动，美佐子认为：从松井说道"很吃惊吧"，这句话中不但包含着松井的温柔，还包含着松井的笑意。很多儿童都高呼深有同感。

西冈老师感叹于美佐子的发言，补充道"美佐子认为松井不但是温柔的，而且还很有幽默感。"他又说"通过今天大家的讨论，我们每个人的理解都是相互关联的，讨论的快乐就在于关联吧。"已经到了吃饭时间，西冈老师说道："今天的讨论还没有结束，下周继续，最后谁来读一下。"于是，本节课在俊树和美惠子的读书声中结束。

（三）学习的主人公

课后，西冈老师苦笑着小声对一直在录像的我说："儿童们相互联系的理解比我还要深刻，自叹不如啊。"我也对这些儿童们发出了由衷的赞叹。这节课"白帽子"从开始到现在已经进行了 10 课时，儿童们把这 10 小时内所有同伴的发言都记在心上，并在联系当中理解同学的发言，并形成自己的理解和发言。当然，这 10 小时的发言链是由每个儿童不同的意义网络构成的。围绕"白帽子"一文，这个班级形成了 30 多种理解所产生的意义网络。

迄今为止，我曾经多次参观过类似的课，但是多是高年级的班级，四年级的班还是第一次遇到。每个人能够构成 10 小时发言链，也就是说，这个班级中的每个人都能像教师一样来组织教学。西冈老师说"自叹不如"也是有道理的。

滨之乡小学自开放学校以来的三年间，每年有 100 次以上的教学案例研究，并在班级中培养互相倾听的关系、建构相互学习的关系。这样的积累实现了西冈老师这样的教学，培养出了创造每个人互动交响学习的儿童。西冈老师自从去年教这个班以来，将每个儿童作为主人公，以每个人自然的感受关系为基础，培养学生丰富的个性。同事们都说西冈老师的教学"模仿不来"。但是正如西冈老师自己所说的那样，他所在班级构筑的合作学习关系，是两年不断反复指导学生要"认真倾听同伴的声音"、

"拥有自己的理解"、"从细小的差异中学习"的结果。

即便如此,儿童为什么能够完全记住 10 小时之中同伴的发言呢? 我认为,这是因为每位儿童都成为了班级学习的主人。例如,在有向导的旅行中,人们能够记住的只是支离破碎的风景和事物,而如果是一个人的旅行,旅行中的风景和事物的每个细节都记忆深刻,鲜明地刻画在脑海中。西冈老师班上的儿童们,他们每个人都是主人公,他们与课文中的语言与同伴的意见多次相遇,他们与同伴共同追求个人旅行般的境遇与对话,这种精彩令人感动。

两个月以后,西冈老师辞去了教师工作准备环游世界,以实现他青年时代的梦想。校长和同事们竭力挽留,但西冈老师觉得年纪再大一点就会体力不支,他还说作为教师的充实体验使他信心倍增。这正是西冈老师的人生,环游世界之后无疑会带来新的想法,我期待着几年后西冈老师能重新回到教师岗位上。

三、儿童成为学习的主人公

(一) 教室大变样

原田三好是桐朋小学四年级(东京都调布市)的临时教师,虽然从一年前就开始教这个班,但班上的儿童总是安定不下来。虽然原田老师想以研讨为中心来进行教学,但是这里的儿童想说什么就说什么,根本不听取同伴的意见。在这些儿童进入四年级新学期的时候,明人的母亲给了班上 200 多块 20 米四方拼布,这时原田老师下决心要把 200 块拼布连起来做成 10 块地毯,使地毯铺满教室。当地毯铺到地板上时,学生们可以任意坐下来,学生们异口同声地说:"原田老师这样多好啊,可以好好学习了。"原田老师的丈夫(木材商)听说了这个消息,还用加厚的三合板做了四个比较大的桌子,套上桌布,教室充满了布艺的触感,变成了柔性的空间。

这个本来如寺子屋的教室变成研究室一样的课堂。之前铅笔橡皮乱丢、随便乱扔垃圾的班级变成了一尘不染的安定场所。大声喧哗的教室和嘈杂混乱的走廊都安静下来。原来充斥着"是、是"的令人烦躁的课堂如今也变得润泽而安定,课堂风景发生了变化,儿童们互相凑近小声地讨论问题。因为教室的布置是项大工程,而且有些课还是需要在日常的教室中去上。为此,他们调整了课表,一周三天在寺子屋一样的教室中上课,剩下的三天在普通的教室中上课。这是个很好的开端。

(二) 学习种菜与卖菜

这所学校中一至六年级的学生都参与种菜。所有的班级都种马铃薯、甘薯和萝卜。原田老师觉得这样很无趣,于是去年他就选择了种植果实特殊的花生和棉花。但是即便如此儿童们还是对这些植物不闻不问,无论原田老师怎么劝说都无济于事。结果,原田老师又浇水、又拔草,一直到植物结出果实。今年原田老师想让学生们有目的地做事,此时,和夫小声嘀咕着"想把种的东西卖掉",原田老师听后采纳了这个建议,将种菜与卖菜活动联系起来。

为了保险起见,原田老师首先征求了宫原洋一校长的意见,校长说:"我也曾经与孩子们种萝卜卖,很有意思呀。"听到这样鼓励的话,原田老师更加坚定了信心。

儿童们听说要"赚钱"马上就来了精神,他们从图书馆借来了种植相关的书籍,还制定了计划,非常着迷。金钱欲望是可怕的,本来是商量"种什么"的问题,结果没有确定作物的种类,就开始探讨"卖多少钱"的价格问题了。他们在头脑中已经建立了卖菜得钱的形象。

儿童们马上将田地分成四块,施肥、分垄、插秧、播种。每天值班的学生热火朝天的忙碌着,全然不顾肥料的臭气,天热的时候挥汗如雨,但他们仍一直照料着蔬菜。如何形容这种变化呢? 下雨天仍不忘浇水的学生们真是让人哭笑不得。从这些劳动的身影中可以看到,他们在浇水、施肥的过程中倾注自己的全力来侍弄蔬果。6月中旬进入了收获季节,终于到了结果的时候。

首先收获的是油菜,儿童们到教师办公室去宣传这是"无公害"蔬菜,以每袋98日元的价格卖给了老师们。接着青椒、茄子、黄瓜、西红柿都成熟了,他们分组在桐朋校内竞相贩卖。最初他们还只是到教师办公室去卖,后来大学生、教师和幼儿园的妈妈们也成了他们的顾客,最后他们甚至还把菜卖到了桐朋大学的教授研究室。通过卖菜的活动,儿童们的生活世界大大地变化了。

有一天,由香跟班上的同学说:"我妈妈的公司给田鼠拍照,现在已经不用了,我想带到班上了,大家一起养吧。"虽然原田老师说"讨厌田鼠",但是儿童们却很想养田鼠。经过激烈的讨论,决定用卖蔬菜的钱来买饲料,在教室里喂养田鼠。原本几个男生持反对意见,"他们想用卖菜的钱花个痛快"。但是还是被说服了，一直顽固反对的贵志也答应了："好吧，但是田鼠可能会死的，如果田鼠死了，我们再自己花"。

这样，儿童们明确了种菜的目的，对种菜和卖菜更加热心。他们调查超市和菜场的蔬菜价格，确定了更便宜的价格，并根据蔬菜的品质确定价格，更加明确商品的特性。他们跟幼儿园的妈妈们说起"饲养田鼠"的事，不但卖出了菜，还收到了妈妈们的捐款。现在班里的儿童们开始热衷于讨论如何种植和贩卖秋天的蔬菜了。

原田老师与孩子们开展充实现在的学习

（三）走进微生物的世界

这所学校四年级学生的综合学习课题是"垃圾与环境"。以前四年级学生都在做水管调查的综合学习。原田老师觉得与其做下水道的调查，不如抓住环境中原子层面的问题，使儿童们认识到自然环境的循环系统。她以假说实验教学的教科书"假如原子能看到"为教材，让学生们学习二恶英的分子模型，并利用教科书中的

"食物与粪便"的内容来教学，使儿童认识到地球上的植物、动物、人类都处在"摄入和排泄"的循环之中。

随着教学的一步步推进，儿童们认真地互相倾听同伴的话语，仔细、具体地互相交流看法，这使原田老师大为吃惊。在拼布地毯上所形成的润泽的学习关系已经完全转移到教室空间中来。而且在种植蔬菜努力工作的过程中，儿童们逐渐养成了对现象的细致观察力和利用自己的语言来阐述其发现与思考的表达力。

综合学习在儿童们的努力下竟然进展得十分顺利。他们在访问和观察下水处理厂时听说"分解污水的微生物是自生自灭的"，儿童们都感叹于"微生物的伟大"，他们怀着对微生物的崇敬之情纷纷发出了"敬佩微生物"、"微生物伟大"的呼声。这种意外的收获让原田老师很是吃惊。第二天，儿童们便展开了对水中的微生物、土地中的微生物、体内微生物的调研活动。听说桐朋高中的微生物教师在学生时代曾经专门研究过微生物，他们就邀请这位老师来班上做报告。那天这位老师告诉儿童们，"我们的粪便80％是微生物的尸骸"，于是他们对微生物的关注和崇敬进一步加深了。

要学习下水道的知识调研是不可缺少的，东京都内的下水道埋在很深的地下难以挖出观察，但是小平市有"可触摸的下水馆"设施，能够观察地下25米的下水道。于是原田老师号召母亲们与儿童共同参观。参观后发现，即使是比较干净的下水道也会闻到刺鼻的沼气味。以这次体验为基础，第二学期还会开展母亲与儿童共同参加的综合学习。带着这种预感，原田老师与儿童们一个学期课程结束了。

原田老师的班级从四月开始，之后的三个月时间里，儿童之间学习关系的形成令人很受启发。我一边听她的报告，一边玩味着"儿童是学习的主人公"这一说法的深意。学校是培训儿童合作学习的场所，为了使学校成为合作学习和培育的场所，学校就要成为儿童、教师、家长各自作为"主人公"的场所。虽然儿童成为"主人公"的教学并不鲜见，但是如果教师没有成为"主人公"，儿童只能被迫成为"主人公"。

听着这份实践报告，我又产生了另一个想法。我们常常是为了"儿童的将来"来规定学习，或者说"为了儿童的发展"来规定学习。但是如果不能实现当下的学习、不能感受当下生活的快乐，那么将来的学习也不会幸福。原田老师和她班上的儿童们在三个月的时间中，以学习的主人公的身份开展实现了当下的学习，这正是在为明天的希望做准备。

四、教师的回应：交流意向与思考

（一）自然状态的学习

我在三重大学工作期间（1980—1988 年），参加了四日市市每月一次的小型研究会,这个研究会以石井顺治老师为中心,大家拿来各自拍摄的教学录像共同研讨。这次研讨会使我懂得了教学的深刻与困难。现在这个研究会还在继续,这些教师们成为了我最为信赖的伙伴。

其中,中村奈美老师的教学让我懂得要想让每位儿童都以自然状态合作学习,使学习发展为深入的探究,就要认真细致地回应每一位儿童的课上发言,而将这些发言联系起来的基础是教师对教材的理解。1998 年实践的小学五年级的课"俳句的教学"（三重县势和村势和小学）就是其中的典型案例。

教材是松尾芭蕉的《深处的小路》,其中"悠闲的岩中渗入蝉鸣"一句,中村老师在课前就让学生留意这句话的推敲过程,芭蕉曾用"山寺与石尽染蝉鸣","寂寥与岩中渗入蝉鸣",后来又用"寂寞与岩中渗入蝉鸣",最后到"悠闲的岩中渗入蝉鸣"。其中"山寺"、"寂寥"、（寂寞）改为了"悠闲",而"石"改为"岩","染"变为"渗",这个推敲过程是俳句内部世界的投影。中村老师对教材的解释与一般的教师有所不同,他不是按照教案去教课,而是出于他对俳句世界的欣赏,因此他仔细听取课堂上每一个人的意象和理解。而且,对儿童的发展来讲,儿童的学习与交流比教案更加重要。课前阶段的中村老师就是自然状态的。

教学首先是从每个人的意象与出声阅读开始的,很快就听到有儿童说:"老师能画画吗?"另一边又听到有人轻声说:"'闲'是什么啊?"接着又听道:"与'静'的汉字不一样。"于是中村老师将"闲"和"静"两个汉字写在黑板上,几个儿童说要"查字典",于是就查了起来,美树发言说出了自己的意象:"夏日、流水的声音、蝉鸣。"接着小希发言说:"天空晴朗,河水涓涓流淌,多美啊。"佐智子说:"我能听到渗入岩石中的蝉鸣。"真由美补充道:"岩石听到了。"从教学开始不到 5 分钟的时间里,这节课可能的若干主题已经在儿童们流畅低语的连锁中产生了。这也是中村老师教学的魅力之一。

（二）将意象与思考相联系

当中村老师重复着真由美的话"岩石听到了"时，小绿说："侧耳倾听。"诚司接着说："岩石中渗入了森林中所听到的蝉鸣。"沙织补充道："从某处听到的，岩石也是安静的，所以只能听到蝉鸣。"小希接着说："虽然说是很热，但是感觉很湿润。"亚纪接下去："从场景看，只能听到蝉鸣。"

情景的全貌已经展现出来了，中村老师将"蝉鸣"作为焦点来提问："什么样的蝉鸣呢？"几声低语之后，沙织发言说："有点凉、有点模糊，蝉鸣是大汗淋淋的酷夏的声音，但是这里却不同，是一种清爽的声音。"崇史不太同意，他说："很强烈的声音，虽然有点吵，但是这里是安静的。"中村老师并没有去追问到底是"一只蝉发出的安静的声音"还是"几只蝉发出的很大的声音"，实际上这两种解释已经在儿童们的心中了，这种判断原本也找不到根据，不必计较到底是一只蝉还是多只蝉。这种判断所带来的愉快心情支持着每一位学生自然的、个性化的理解和交流的节奏。

读完课文后，美智子注意了"染"字的表达方式，中村老师受到启发，提出了"染"与"渗"的差异。健二回答说："'渗'感觉是在吸收，而'染'是直接粘在岩石上。"绿说："听到'渗'的时候产生一点点吸收的感觉。"最后还补充说："感觉平心静气。"其间，一名儿童在笔记上写下了"沁"，于是中村老师抓住这个细节，让儿童们比较"渗"、"染"和"沁"三者的异同。

这是个接近俳句核心的问题。这就回到了课前中村老师关心的芭蕉先生推敲过程的问题上，但是更重要的是，即便这个问题已经接近了赏析的核心，如果儿童们本身回忆不出"渗"、"染"和"沁"这三个词，对其中的差异并不感兴趣的话，那么中村老师的这个问题就不是这节课的核心了。只有那些在儿童们学习的过程中必然提出的问题才能成为这节课的核心。教学中探究的问题必须是儿童们要实现探究所必不可少的问题。中村老师对此深有体会，她的课就像是被施了魔法一样，迫近教材核心的探究都是学生们自己去完成的。

中村老师话音未落，小绿就发言说："'渗'这个词让人感觉蝉鸣自己会进入岩石中。"中村老师解释了"渗入"与"沁入"的区别，真由美有感于"渗入"一词，用手做了个塞进去的动作，中村老师向全班同学传达了这个动作的意义，并要求每个人读并体会"沁入"的语感。因为她知道这种微妙的差异最好是在阅读的过程中不自觉地被身体感觉捕捉到。

中村老师自身不但是挑战者还是最好的学习者

（三）挑战使课堂更生动

学生们读完后，中村老师问道："最后提一个问题可以吗？芭蕉先生到了哪里，有什么样的感受呢？"话音未落，马上就有人低声说："清清爽爽的感觉。"亚纪说："是平心静气的、微风吹着头发的感觉。"美树说："很宁静。"小希说："一个人。"佐智补充道："引人入胜，风轻轻地吹着。"儿童的发言看似片段，在片段之间又相互联系，这是发言的话外音，它在每位儿童的心中交响着。此时中村老师自己也融入到沉默安静的交响中。所以她能够对这些微妙的、游离的语言机敏地应对。

沙织小声说："一句话，此时的心情是什么都不想……"中村老师准确地抓到这一点，补充道："啊，是说什么都没有。"这次，沙织的语言更加明确："什么都没有，于是平心静气。"小绿补充道："我跟沙织的想法接近，什么都不想很轻松的感觉，无法言说的一种幸福感。"这里沙织和小绿解释中的"无"和"轻松"等词无疑触发了"闲"这个词的反响和意义。中村老师转述了沙织和小绿的发言,并说:"那么,最后,我们就边读课文边默默地感受,这节课就到这里了。"最后,在儿童们的读书声中一节课结束了。

我把这节课用录像带记录了下来,并不由得感叹中村老师的教学展开得如此自然。为什么中村老师的课上能够实现自然态的学习,能够奏出每个人多样学习的交流和自然探究的交响?有一点是肯定的,即中村老师能够对每位儿童进行耐心细致的回应。她让我们看到了一种柔和的气氛下的回应,她能够敏感地接受任何儿童的低语和动作。她的回应将分散的语言一个个小心地联结起来,以此带来的安全感和信任感支撑着每位儿童的学习和交流,完全不像有的教师那样过于热心、絮絮叨叨,而是轻轻松松地将清爽的感觉与思考编织在一起,可以称得上完美。

但是,对教材的准确把握也好,对每个儿童细致的回应也好,中村老师教学的核心体现在更为质朴的方面。中村老师的研究会上,她产生了将这篇俳句的"前文"加入教材的想法。第二年,她就在五年级的班上挑战了以"前文"为教材的教学。本来以为对小学生来说古文的"前文"艰涩难懂,但他们却将意象和理解进一步扩展。在这个过程中,中村老师与一个脾气火爆、格格不入的男生建立了密切的关系。中村老师自然态的教学秘密就在这里。中村老师是不懈的挑战者,也是最好的学习者。

五、教师的探究支持学生的学习

(一)从一幅示意图说起

茅崎县滨之乡小学的六年级的班上,福谷秀子老师正在教"社会科的综合学习",题目是"家"。福谷老师"开始上课"的话音未落,儿童们都盯着一幅新建住宅空间布置宣传示意图交流着自己的发现。4人一组坐着的学生们处于自然状态,整个气氛柔和而温暖。

2002年,福谷老师将"家庭与生活"作为课程的核心。六年级的社会科本来是以历史为中心,即便如此,她在教授历史的时候也关注"居住的方式"。由此发展而来,福谷老师就上了一节从家的设计图来思考"家庭生活的形式"的课。福谷选取一幅住宅空间布置示意图作为教材,她认为这对思考家庭关系来说是很好的素材。示意图上所画的空间布置,不仅有一楼的起居室而且还有扩展了二楼的共有空间,夫妻卧室还加入了个人空间。而且玄关的空间更加宽敞,玄关与楼梯之间距离拉大,餐桌放在起居室和厨房共有空间的中心位置。这些都体现了设计者既注重家庭交流又关注个人自由的设计理念。

和子最先发言指出"没有日式房间",和树接着说:"玄关的空间很大。"真知子看着黑板上挂着的大幅示意图,补充道:"二楼有休息室更加通透。"其他儿童认真地听着每个人的发言。在发言的间隙,所有的小组都发出微波一样的低语声。仅仅从这两个特征就可明显看出:福谷老师班级的儿童以互相倾听的关系为基础,建立了共同探究的关系。

接下来,真美子发言说:"无论是一楼还是二楼都没有壁橱,没办法放被褥了。"福谷老师明知道这个发言已经脱离了主题,但还是采纳了她的发言。"没有日式房间所以没有被褥。"道子说。"西洋建筑是没有壁橱的。"俊树道。福谷老师听了这些发言,接着说:"真美子认为'没有壁橱'就没有'收纳空间'。"于是,教室中的低语声泛起了更大的涟漪。"这里共有空间的架子不是书架"、"是书库吧"、"楼梯下面是一个很大的收纳空间"、"不是书库是壁橱"等等声音不绝于耳。所有的小组都参与进来。美树说:"是不是工作室啊? 我去由美家的时候看见的。"由美说:"啊,我怎么不知道啊。"全班大笑起来。

收纳空间的话题一直持续着,福谷老师为了回到原题,儿童们注意占据二楼中心的夫妇卧室,这间卧室比一般的卧室要大,两端还设计了个人用的空间。"是不是为了区分衣服?"(和子)"夫妻的爱好不同,所以要有两个空间,如果是我爸爸一定会摆上塑料模型的。"(道彦)"这是自由空间,随着使用方法的不同而变化。"(和夫)发言在继续着,其间,龟彦走到黑板前面,说:"我不知道这个空间是做什么用的。"他的发言是要向全班同学寻求帮助。

(二) 与儿童相联系

福谷老师又问:"既然是夫妻的卧室,为什么还要在两端设计自由的空间呢?"这里她希望儿童们理解即使是夫妻也要有个人的空间,而这个问题对儿童们来说有点困难。他们只能想到"兴趣不同",再深入的就想不到了。之前,在发言的间隙中各个组内低语声也听不到了。听了一些意见之后,关于家庭关系的个人化与共同化的问题,福谷老师把焦点转移到一楼的共有空间上，一节课就结束了。而后，很多学生拿着示意图跑到黑板前，与福谷老师和大濑敏昭校长讨论起来。儿童们又在进行着内省的思考。

这节课并没有戏剧性的桥段。福谷老师希望通过"空间设置"来讨论"家庭形式"的设想并没有完全实现。在刚刚有点线索的时候就下课了。事实上，福谷老师的教案只用了一半。多数观摩的教师无疑都感到消化不良和困惑。

但是，这节课却上演着多幕剧。其中一位主人公是常常逃学的光彦。当天早上，为了上不上学的事情，光彦和母亲大吵了一架。福谷老师在电话里与他约定"今天不点名"，他勉强提前到了保健室。在养护教师于保老师的鼓励下，他才眼泪汪汪地进了教室。光彦勉强可以参加像数学那样答案唯一的课，而有些课要表达自己的内心所想，虽然也可以发言，但光彦对这样的课却心存恐惧，不想去上课。但光彦还是参与了这节课，在小组其他同学的支持下，一边认真地看示意图一边自己探究，虽然他没有发言，但是当福谷老师说"光彦，明天上课你把想说的话说出来"时，他高兴地点点头。课前，于保老师和光彦在保健室边看示意图边预习。课后，光彦

福谷老师的课堂上看不见的多幕剧正在上演

将自己的思考一五一十地告诉了于保老师。光彦的故事的任何情节对于这节课来说都是非常珍贵的时刻。

课上，令人印象深刻的是龟彦突然站在黑板前面向全班人求助道："我不知道这个空间是做什么的。"他性格异常腼腆，之前从没有说过"我不知道"。在研讨渐入佳境的时候，班级的学生们完全接受了龟彦的请求，这是多么了不起啊。龟彦迈出了坚强的一步，而且儿童们完全接受了这一步，其中的感动令福谷老师的眼睛湿润了。

（三）探究的教学

像这节课一样，中途离题，乍看出现了令人疑惑的停滞，这种课中往往隐藏着看不见的剧情。不，反过来说更准确。如果，福谷老师没有正面接受光彦这富有勇气的一步，结果会怎样呢？如果福谷老师没有那样认真地对待真美子关于"壁橱"的发言会怎样呢？毫无疑问，真美子这样离题的发言通常会被轻轻放在一边，大家专心探究原题。如果这样的话，或许这节课所预期的目标能够更深入地探究下去。但是福谷明知"离题"，还是尊重真美子"收纳空间"的发言，致使教学整个离题，出现了令人迷惑的停滞，但是正是真美子的关注使探究进一步发展，光彦才愉快地参与到小组的讨论中，龟彦鼓起勇气说出"我不知道"，站在教师前面求援。再进一步说，正是由于教学的展开出现了离题、停顿、停滞、举步不前的情况，才产生了光彦和龟彦两位同学所代表的学习的情景。

福谷老师的课很了不起。通常教师是将"好的发言"相联系，为了"好的教学"而努力。其结果是虽然教学张弛有度、顺利展开，但真美子、光彦、龟彦这样的学生就会落下。福谷老师的课于此不同，在另一个方面取得了成功。课堂上没有"好意见"和"坏意见"的区别，而是每位学生的发言是很棒的。尊重所有学生的思考是福谷老师教学的基础。这样的教学展开就会有离题、停顿，甚至停滞。教学可能并不太顺利，磕磕绊绊的。只要了解这一点就会知道福谷老师在保障儿童互相支持、互相学习方面是多么成功，在保证儿童的个性化学习方面是多么成功，在确保儿童多样意象、多种思考的交流方面是多么成功。

尊重每个儿童的发言常常会造成意见的分散而忽略了关键内容的探究。但是福谷老师的课上，离题也好，停滞也好，并没有扩散儿童的思考，也没有忽略中心课题的探究。其秘诀是，福谷老师自身与儿童们一起探究，共同研究如何从"空间设置示意图"看"家庭的形式"。教师自身对课题的探究串联起儿童们多样的意象和思考。这一秘密也是需要向福谷老师学习的重要方面。

但关于如何解决教学最后阶段的停滞问题，如果是我，在低语声消失的时候，我会给 10 分钟左右的时间，让小组内的同学交换意见，教师应该更加相信儿童们共同学习的可能性。

合作学习的日子②
创造教学的教师们

　　追求"好的教学"的教师往往通过串联"好的发言"来组织教学,其结果是将儿童的思考区分为"好的"和"不好的"。教师的责任不是进行"好的教学",而是要实现所有儿童的学习权利,尽可能提高儿童学习的质量。

　　只有认为每个学生的思考或挫折都是了不起的,并且认真倾听每个儿童的低语或沉默,才能获得教学的立足点。所以,创造性的教师总是能够接受儿童的多样性和教材的发展性。

第四章

从课堂教学到学校改革

一、学习参与的实践
—— 与家长共同创造教学

（一）从教学参观到学习参与

2000 年 10 月，三重县四日市市水泽小学三年级的内藤裕子老师开始进行学习参与的实践。学习参与是家长参与教学、教师和儿童共同学习的方式。最初尝试学习参与的是 1994 年新泻县小千谷小学。小千谷小学的平泽实一校长和正在帮助这所学校开展研修的我共同推进了这项改革。我们将其作为 21 世纪学校"学习共同体"中的一环，将之前的家长参观教学变成家长辅助教师教学的共同的学习参与。此后，电视、报纸、杂志多次介绍了学习参与的实践，并在全国各地的中小学普及开来。

内藤老师刚刚得知小千谷小学的学习参与实践之时，感受到了父母与儿童在教室共同参与学习的魅力。接着她参加了茅崎县滨之乡小学的公开研究会，看到儿童们与很多大人共同参与学习的情景，于是她决定要挑战学习参与的实践。

学习参与最初的尝试是从 10 月的教学参观日开始实施的。那天的课是家长和学生放声朗诵诗歌。刚开始家长很紧张，儿童们在旁快乐地帮助父母，进展顺利。试验了一次，内藤老师就懂得了学习参与的意义。首先，很多家长参与课堂学习，儿童们会更加柔和，所有的儿童都能够安心地集中精力学习。

不仅家长之间产生了联系，而且这是家长们了解儿童的现实、了解教师的思考的一个绝好的机会。这样，内藤老师在次年的 11 月又开展了读诗、品诗的学习参与课。

为了促进儿童们合作学习,内藤老师将学生分为两组,各组选择自己想读的诗,并进行共同品读的练习,家长也组织了一个小组进行共同品读的练习和展示。

(二) 与家长一起鉴赏诗歌

内藤老师三年级的班级有9名男生和11名女生(共计20人)。内藤老师在年级通讯中号召家长参加诗歌品读的学习参与课,其中12位母亲参加进来。上课之初,儿童一组朗诵的是《小与大》(香山典子),另一组选择的是《成人进行曲》(阪田宽夫),母亲组选择的是《庆典》作为集体朗诵篇目进行练习。内藤老师还找来同事参加,教师组准备集体朗诵《太鼓》(谷川俊太郎)。

内藤老师之所以选择"集体诗歌朗诵"作为学习参与的主题是因为她自身非常热衷于诗歌朗诵。她是十年前认识到朗诵的魅力的,在某集训研究会上,她接受了老教师石井顺治所指导的朗诵练习,此后,内藤老师每年都会带领自己班级的同学进行为期一年的诗歌朗诵和品鉴活动。这些三年级的学生从第一学期就开始朗诵、品读故事和诗歌。这次学习参与课的意义在于要与家长共享诗歌朗诵的快乐。

小组内联系结束后,马上就要进入展示和教学环节了。首先是《小与大》的集体朗诵组的展示。这个组中的利夫有认知障碍,利夫的朗诵用全身的肢体动作来表现诗歌的语言,非常棒!在集体朗诵的最后,利夫蹦出来的"啊、啊"声增添了欢乐的气氛,把这个小组的朗诵推向了高潮。另一组学生朗诵的是《成年人进行曲》,与集体朗诵相比,这首诗更适合个人朗诵。儿童们将个人朗诵与集体朗诵相结合的编排把作品的意境表现了出来。

接下来是母亲们集体朗诵的《庆典》,参加朗诵的12位母亲将这首描写推神舆的诗分成三个声部,一些人低音重复"嘿呦、嘿呦",另外是一个人呼喊"庆典、庆典",以各种声音互相交织的方法进行集体朗诵,这是集体朗诵中最出色的一组。特别是英夫的妈妈单独喊出的"庆典、庆典",如打夯歌一样的声音喊出的"庆典"、"庆典"表现出了推神舆的人的强大力量和紧张感。

母亲组的展示结束后,儿童们发出了"太棒了"的欢呼声,为妈妈们热烈地鼓掌。教室里响起了"彻底输了"的声音。接着"我妈妈中途没跟上"的声音让全班笑作一团。一节课在温馨的亲子交流中结束了。

（三）与父母共同成长

次日，学生们挑战了母亲们的群体朗诵《庆典》，他们无论如何都想挑战一下这个作品。学习参与的挑战促进了家长的参与。一位母亲写道："我是第一次参加集体诗朗诵，声音大的几乎和训斥孩子的时候一样，但竟有一种很舒畅的感觉。"还有很多感想，如"再次感受到了诗的乐趣"，"后来觉得与坐在后面的参观相比，这种满怀童心，与孩子们共同竞争的学习方式更好，能够进一步贴近孩子，这太好了"。

内藤老师读了家长们寄来的参与教学的感受后，从所有参与的家长那里深切地感受到诗歌朗诵的快乐，感受到家长们合力参与教学的重要性和乐趣，感受到家长与儿童共同学习的经历的可贵。

于是，内藤老师又号召家长参加 11 月的综合学习的教学。这样学习参与的方式固定下来。四年级学生也围绕"水泽垃圾的调查，水泽垃圾探险队"展开了综合学习的实践活动。特别是，他们针对本地区的实地调查问题进行了多次讨论，并分成 9 组，家长们作为助手也参与进来。这个教师难以独立完成的学习活动顺利拓展和发展起来。

当初，家长们也曾顾虑重重，不知道是否应该走进教室。而现在多数家长陆续地参与到教学中，他们能够轻松地进入课堂，教室里除了教师还有其他大人，这对儿童们来说已经司空见惯。家长们不知不觉成了内藤老师的得力助手，在家长的支持和帮助下开展教学逐渐常态化了。

现在，多数的学校和班级都开展了学习参与的实践。这些学校和班级也与内藤老师的班级一样取得了丰硕的成果。现在的教育危机的核心是"密室抚养"、"密室教学"所引发的教师与家长之间的信任缺失。学习参与倡导每位儿童都在数位成人的协助下学习，通过加强教师与家长之间的联系来努力构建学校中的学习共同体。

所有的学校都会向地区开放课堂，提倡家长以客座教师的身份来参加教学活动的组织和开展。但是即便开放了课堂，如果教学参观的形式得不到改变，家长们的参与也是被动的。在教学参观中的家长，一门心思以自己的子女为中心来思考，难以脱离自己的子女的情况来理解教师的工作。

但是，在开展学习参与活动时，所有的班级都会从第三次开始让父母与具有血缘关系的子女分开,从而使父母与其他孩子和家长建立联系,并将其作为主要的参与方式。家长们通过学习参与的经历认识到学校是作为教育公共空间而存在的,因此要与其他家长合作共同教育课堂上的学生。

学习参与的目的是将学校和教室重构为公共空间。所以,在学习参与中,更多的家长愉快地参与教学是极为重要的。

有些教师总是在学习参与之前与家长进行事前的协商,其结果是,家长的参与受到限制,这是本末倒置。那种限定一部分家长作为客座教师的方式必须慎重。无论如何,让更多的家长以平等的态度来协助和参与是最重要的。

而且,学习参与并不是"志愿者"活动,协助和参与学校教育是家长的义务和责任,最早进行学习参与实践的小千谷学校的平泽校长曾经说过:"教师要认识到教师的责任,家长要认识到家长的责任,那时才能实现教师和家长的联合。"开展学习参与的学校中家长的抱怨急剧减少,这一现象正好说明了这一点。

21世纪的学校,不但是儿童们共同学习的学校,而且是教师、家长共同学习的学校。内藤老师的学习参与的实践表明了这条路径的可行性。

内藤老师的学习参与实践指明了学校的未来

二、信任缔结的共同体

（一）信任的纽带

学校中存在各种各样的难题,这些难题都是因为儿童之间、儿童与教师之间、教师与教师之间、教师与家长之间缺乏信任造成的。"信任"可以说是一切学校改革的核心概念。儿童之间是否相互信任、儿童与教师之间是否相互信任、教师与家长之间是否相互信任。当学校改革遇到阻力的时候,就要使构成学校的所有人之间恢复信任,从而回到建立合作学习关系的改革。我们希望学校能够充分尊重、信任每一位儿童,促进儿童全面的学习与成长。

这 12 年间,我从东京港区的爱育学园的爱育养护学校那里学到了在教育的实践中建立儿童与成人之间信任关系的重要性。爱育养护学校是一所由 30 名儿童和教师、志愿者和家长共同运作、共同学习的小学校(津守真:爱育养护学校理事长),学校招收的是 3—12 岁有"认知障碍"的儿童。爱育养护学校的事迹曾经在 NHK 教育电视台的"人世悠悠"节目中播出,标题就是"信任儿童"。

在节目中,岩崎祯子校长说道:通常所谓教育是因为儿童"不能",因此要以成人的"教"为中心来展开。而爱育养护学校是让"儿童们做他们能做的事情",以"儿童根据自己的想法来安排学校生活",这是教学活动展开的中心。这样句话表达了对儿童信赖和尊重的两种基础。"能"与"不能"为尺度的成人社会的偏见威胁了儿童尊严,让儿童对成人缺乏信任。

对我们这些已经习惯了契约社会的成年人来说,往往只有在对方达到自己的要求,或者对方具有回应自己要求的能力时,才会对人尊重和信任。但是,如果本着这个原则,就难以对以"能"为基础挑战"不能"的儿童们产生尊重和信任。其中最明显的是考试评价,我们试想一下考试的排名曾经伤害了多少儿童的尊严和信任。而且"能"与"不能"的标准对这些残障儿童的伤害是致命的。

只有摘下"能"与"不能"的有色眼镜,才能看到每位儿童挑战固有学习的情景,才能看到儿童无可比拟的、个性化的经验和创造。这种个性化的学习和成长过程就是我们发现和给予每一位儿童的尊严和信任的过程。儿童的尊严(成人的尊严也同样）不是具有能力，而是虽然无能力或者能力较弱，但是可以通过自己不断的探索来学习和成长。"儿童创造自己的学校生活"——岩崎校长的话语说出了真理。不是儿童有残障，"能"与"不能"这种成人社会的评价的偏见和差异才是真正的障碍。

（二）主人公的生活场所

纪录片《信任儿童》首先从早上到校的场景开始介绍。小学四年级的俊一刚到校马上就开始玩蹦床，不一会停下来上厕所，然后他会把水龙头打开任水流出。原来他并不是上厕所，而是把一端的水龙头打开流水。这是俊一每天课程的开始。一位女志愿者曾经制止过他，但是俊一很倔强，志愿者只能败下阵来。这是一个转折点，当志愿者接受了俊一这种不可理解的行为时，她忽然理解了俊一这一行动所包含的内部认知过程。也许俊一打开一端的水龙头，他就会安心地生活，从而构建起自己的行动空间。

人在某个空间建立了行动关系，感到自己是被允许的，感到自己的行动产生影响，这一点是很重要的。丧失存在感的人，无论在精神上还是身体上都是疏离的。俊一打开水龙头放水就是在为一天的学校生活做准备。理由是俊一到处拧开水龙头，20分钟后，他又回到蹦床上快乐地游戏了。班主任板野昌义在一旁看到了这一情景，他知道俊一打开和关闭水龙头是在确认"水停了，安静了"，于是谅解了俊一的做法。板野老师说"不仅是孩子，能够以自己独特的方式生活，能够被他人所接受，这种感觉对任何人来说都是很重要的。"

接下来介绍的是喜欢"学校游戏"的美保。美保能够讲话，她把老师们当成学生，并让老师们说"现在开始学习"，于是美保春分满面地开始了教学。笑容之中的满足和互动促进了美保的活动和语言的发展。对美保来说"学校游戏"不是游戏，而是美保学习的舞台，是她与他人、朋友们交往的舞台，是悄悄表达她内心世界的舞台。根据妈妈的说法，每天美保上学的时候都要准备好那天"学校游戏"的基本剧本。"老师们接受每一个孩子，孩子们也是能看到的。"妈妈如是说。

（三）尊严与信任的共同体

接着介绍了高年级的"音乐"和"购物"课，这是通过建立与他人的关系使儿童的活动复杂化、动态化。"音乐"课追求的是让儿童与朋友共同欣赏,有个女孩子,乍一看并没有参与进来,但是当她听到"如果幸福你就拍拍手"的曲子时,男孩子敲了两下鼓,于是她也伸出手去,跟着音乐节奏敲了两下。这种呼唤与回应关系是自己与不同的世界共生、与他人交往的基础。

另外,"购物"是儿童与老师、朋友一起去校外的活动。一走出学校,儿童们不但要遵守交通规则和社会规则,而且还要和一起行动的儿童和老师在情绪和行动上保持一致。

小学五年级的惠子曾经不善于交往,表现得十分孤立和寂寞,她常常独自坐在教室的一角撕卫生纸打发时间。"儿童的行动是其内心的体现"(岩崎校长)。但是现在去"购物",就要中断她自己的游戏回到集体中去,使她顾忌到店里其他顾客和朋友的感受,从而成长起来。班主任德冈久枝说:"这是在充实自己特有的人生经验,培养儿童接受他人、顾及和关照他人的能力。"

这个节目体现着"让儿童自由活动"的含义,说出了爱育养护学校的教育特征。但是"自由活动"并不能完全表现这所学校的活动和关系的意义。正是由于成人在一旁理解和回应儿童们行动的意义和他们内心的表达,儿童们才能从行动中获得学习的经验。对儿童们来说,自由活动本身并不能将活动转化为有意义的经验。正是因为那些信任儿童、从儿童的活动中学习、与儿童共同成长的成人们的从旁关注,才使儿童们创造有意义的学习经验。这所学校的课程是通过儿童和成人的协作来创造"现在"。

节目的最后是儿童家长发言,这名儿童已经从爱育养护学校毕业升入了公立养护中学。爱育学校是以个人活动为基础的,那么这所学校的毕业生都能够在以集体生活为基础的公立学校中积极地生活吗?这是所有人心里的一个问号。这位家长回答了这个问题,他说:"在第一学期的运动会上,我的孩子从老师那里获得了信任,马上就投入到集体活动中去,学校培养了他面对全新挑战的能力。"这里,无论是成人还是儿童都将"信赖"作为关键词。

信赖每一位儿童,不但适合是残障儿童的教育,而且是所有教育的出发点和归宿。对人的信任与尊重不是因为其资质好、能力强,而是要认识到人的脆弱性,认识到每个人都有缺陷和弱点。正是由于儿童们是脆弱的,所以才充满了成长的可能性,他们是值得尊重的。岩崎老师认为"每个人都有自己的内心情结",那些能够回应这些"内心情结"的成人都可以成为儿童学习和成长的伙伴。

充实的现在是发展的原动力

三、通知书的改革
——滨之乡小学的事例

（一）改革的进展

　　茅崎市教育委员会的领航学校滨之乡小学经过四年的改革，于 2001 年 11 月 22 日召开了第四次公开研究会。这所学校从创立以来就受到了全国的热切关注，而且这种热情与日俱增，每年都有数以千计的教师来这所学校参观。而且很多学校都在推行"滨之乡模式"（参照大濑敏昭、佐藤学《学校创造——茅崎市滨之乡小学的诞生与实践》），与我取得联系并建立合作的学校就达到 1000 多所。由于希望参加 2001 年公开研究会的教师太多，只好在 1 个月之前就停止报名。即便如此，当天还是大大超出了既定人数，1300 多人从全国各地前来参观，柔和而深入地参与合作学习的儿童、教师以及家长们给参观者留下了深刻的印象。

滨之乡小学的公开研究会展示了日常课堂上的儿童的学习、教师的研修以及家长们学习参与的情景。与外界热切关注形成鲜明对比，在滨之乡小学的内部持续进行着平稳而安静的改革。从2001年度开始，教师的人事调动异常活跃，创立之初的教师被新教师们所替代。这所学校成为茅崎市的"教师学校"（在职研修）的领航学校。

创立后的第四年，这所学校开始了新的改革，这就是"家长通知书"的改革。2002年随着新的学习指导要领的实施，"指导要录"也进行了修订。这是进行评价制度改革的绝好机会。而且自建校以来这所学校，就在保障所有学生高质量学习机会的同时，进行着让家长共同参与教学的实践活动，得到了家长的理解、参与和协助，并取得了很好的效果。2000年度的公开研究会以来，"家长通知书"就改叫"进展"，并且探索了评分、评价改革的方向。

（二）改革的要点

滨之乡小学的通知书改革是按照以下三个原则来推进的。第一个原则是通知书的评价次数从以前的三次改为现在的两次；第二个原则是语文、社会、算数、理科这四门课按照现在的评分标准"良好"、"及格"、"不及格"，废除了对其他科目以及对综合学习实践的评价，采用"文章记录式评价"；第三个原则是从2002年开始，根据家长的要求，将对"指导要录"进行信息公开。这三项原则相互关联，相互支撑。

第一原则评价次数减少为两次，这样教师和学生就能够集中精力地组织学习。以前，因为每学期末都要进行评定，甚至减少了教学时间，教师将大量的精力用于制作通知书，学生们忙于学期末的考试和零散的教学。特别是在教学时数较少的第三学期，教学进度太快，难以保障充分的学习时间。评价次数改为两次，只需在9月和3月进行评价，教师和学生能够拥有更长的教学、学习和成长的时间。

第二原则是采用了"文章记录"的评价方式，这比第一原则更为重要。通过这一改革，三阶段的评价中，一、二年级的学生只评两门课，三年级以上只评语文、社会、算数和理科四门课，即生活、音乐、绘画、家庭、体育（以及综合学习时间——始于2002年）等科目都采用"文章记录"的方式来评价，这种方式表明了学生的学习特点和课题。

这一改革的旨趣在于与以"理解"为目的的语文、社会、算数、理科不同，生活、音乐、绘画、家庭、体育等科目应以"喜欢"为最优先考虑的原则。教师们众所周知，三阶段评价或五阶段评价使许多孩子不喜欢体育、音乐，或者讨厌绘画。

滨之乡小学是以通常学科的学习创造作为核心课题，但在此过程中，其合唱和绘画方面也取得了显著的成果。这所学校的学生们柔和的合唱为参加公开研究会的教师们带来了感动，各个教室挂出的绘画作品都充满个性，征服了前来学校访问的教师们。对儿童们的音乐、绘画的评价不可能采用单一的优劣评分的方式，而且这样做无论对教师来说，还是对儿童来说都是难以接受的。所以废除分数，以"文章记录"的方式来展示学生的学习特征和课题，无疑是一种适宜的评价方式。

第三原则是"指导要录"的公开，这就需要文部科学省、县教育文员会、市教育文员会的信息相应公开。"指导要录"的信息公开行动使第二原则所代表的大胆改革成为可能。

不仅是这所学校，多数小学采用通知书都是三阶段的绝对评价，这甚至造成了"指导要录"成了"两本账"，具有欺瞒的性质，给学生和家长的通知书与真正的"指导要录"的点评不同，而且这本在考试中真正发挥作用的"指导要录"并不为家长和学生所知，这个问题应该尽早得到解决。滨之乡小学的目标是通过公开"指导要录"的信息使通知书的大胆改革成为可能。

作为提供给家长与学生的资料，有必要对通知书进行再探讨

（三）改革的反响

4月，大濑敏昭校长向家长们说明了通知书的改革方案。从2001年开始实施。毫无疑问，教师、家长和儿童们的反响之好超乎想象。

改革的效果首先从儿童们的绘画作品展现出来。一位家长很快发现了改革的效果，他表达了自己的感想"教室中贴出的画变得有个性了"。也有家长说："每个班的个性都从教室中的画上表现出来。"这位家长的感想是对的。我自己因为出差去墨西哥两个月，四个月后来到这所学校参观时，令我吃惊的是各个教室中展示的绘画作品无一例外的生机勃勃、充满张力，每一幅都个性十足，而且每一间教室的气氛都变得更加多样化和个性化。

看着这些画着小龙虾、甘薯、自画像或者朋友头像的作品，不禁让人感到那种以单一分数来评定作品优劣的评价方式对多么愚不可及。给这么优秀的、个性化的作品评分会令教师多么难过，这种不合理的评分会令儿童们多么受伤。毫无疑问，这种即兴表达的效果会在以后发挥越来越大的威力。

关于通知书改革的效果，有些家长严厉地指出了之前教学的缺陷。"以前，接近期末，就会教单杠、跳马这些容易给分的项目，现在可以认认真真学体育了。"这种说法可能会刺伤教师，但是确实如此。到了学期末，为了能评分，教师们都会选择容易分出优劣的教材来教学，或者为了考试来教学，这是本末倒置的教育活动。

这种以"试试看"的心态所进行的通知书改革到现在仍受到教师、家长和儿童们的欢迎，成果显著。当然，今后需要进一步完善的方面也不少。例如，采用"文章记录"的方式后，教师们干劲十足、精力过剩，由于评价的文章没有限制，有些老师还贴加了纸张，但是还是要使教师评语限定在栏内可记录的范围内为好。

今后还有些方面应进一步完善。

其一，随着"指导要录"信息的公开，语文、社会、算数、理科是否可以采用"文章记录"的评价方式，这将成为今后必须探讨的课题。

另外，一、二、三年级的通知书表明了通知家长的信息，这些信息是否通知给学生，这就要靠家长的判断了。可以说四年级以上的学生通过了解通知书的评价有利于促进其学习的进步，但是一、二、三年级的学生了解通知书的评价意义何在呢？有必要重新认识向家长通报信息的通知书，其记录和活用都需要进一步探讨。无论如何，滨之乡小学的通知书改革已经迈出了第一步，今后我将对其发展进行持续关注。

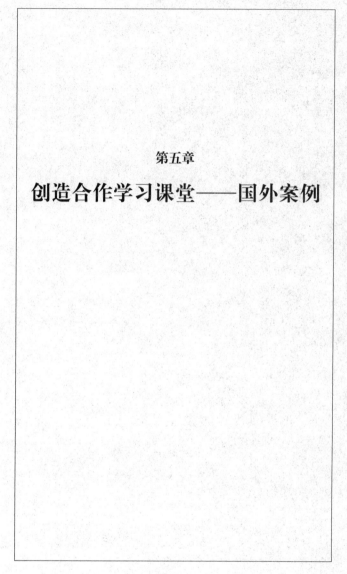

第五章

创造合作学习课堂——国外案例

一、学习共同体的现在
——参观莱加·艾米利亚幼儿学校

（一）相识与造访

目前,教育相关者最为关注的是意大利北部的小城莱加·艾米利亚的幼儿学校的教育实践。我在12年前接触过这所学校,当时在哈佛大学教授的推荐下,我参观了波士顿市礼堂的展览会。这次展览会名为"儿童的100种语言",展示了200多件莱加·艾米利亚儿童的作品。一言以蔽之,我从来没有见过如此细致地发展儿童的感性、知性和想象力的实践,从来没有见过儿童们如此丰富的互相学习、成长的环境和关系。从罂粟花和落叶中生发出各种形态和故事,光与影构成的色谱,还有很多令人叹为观止的绘画和粘土作品,所有的一切都带给人一连串的惊叹。当晚,我还参加了在展览会会场举办的研究会,听了莱加·艾米利亚的教师们用意大利口音的英语做的报告。我深切地感受到：这个小城的实践代表着世界教育的未来。

几年后,不出我所料,《新闻周刊》(newsweek)(1991年12月)介绍了莱加·艾米利亚的戴安娜幼儿园学校,并将其称为"世界上最前卫的学校"。1994年在保护和促进儿童权利的国际合作组织レッジヨ·チルドレン[莱加·儿童]的推动下,莱加·艾米利亚幼儿教育的实践一跃成为世界教育研究者和教师们关心的焦点。其间,"儿童的100种语言"的展览每年在欧洲各国和美国为中心的各地开展并取得了巨大的成功,在亚洲的泰国、韩国和中国台湾也举办了展览。这个展览终于于2001年4月28日至6月24日在东京神宫前的渡当代艺术馆开展。半年前我接到通知,开始协助美术馆进行全面的准备工作,同时为了商谈有关事宜,我造访了莱加·艾米利亚的学校,12 年前的梦想终于实现了。

(二) 历史与文化传统

从伯劳尼亚机场驱车一小时到达莱加·艾米利亚市。这是从公元 4 世纪开始繁荣起来的小城,总人口 14 万人。中世纪的街道和建筑仍保存了下来,宁静而美丽的景色不断从眼前掠过。在女市长的引导下,我们步入市政府的议事厅,称为"三色议事厅",据说意大利的国旗(三色旗)就是诞生于此。这个城市也是当时反法西斯斗争最为激烈的地方。公园里反法西斯勇士的纪念像前现在仍然日日供奉着三色旗和鲜花。

莱加·艾米利亚幼儿学校发端于莱吉斯坦斯运动。这座小城的郊外有一个名为布依拉·切拉的村子,当地的农民和劳动者将纳粹烧毁的战车和军用坦克解体卖掉,并开始用自己的双手来建设培养当地儿童的幼儿学校。虽然意大利的幼儿教育是在罗马天主教教会的统治下进行的,但莱加·艾米利亚的幼儿学校是以公立幼儿学校为出发点的,以此为基点,这种市立的幼儿教育机构在意大利全境扩展开去。

开创这种堪称世界一流水准的幼儿教育的是罗里斯·马拉古兹。马拉古兹是在以皮亚杰为所长的瑞士卢梭研究所研究发展心理学的教育心理学家。他作为莱加·艾米利亚的教育长官来指导教育改革,但是,马拉古兹与皮亚杰的理论并不相同。他与莱加·艾米利亚的教师们所创造的教育实践综合了与皮亚杰齐名的杜威、维果茨基、弗莱内、布鲁纳、加德纳等许多教育发展的理论和思想。在这种称为"莱加法"的实践在启发儿童的创造力的同时,也使支持和促进儿童发展的成人更加富有创造性。

莱加·艾米利亚教育的特征是"创造性的教育",这与本市的产业是联系在一起的。我当时逗留了一周时间,第一天,麦丝玛拉(Max Mara)公司经理夫人就在戴安娜幼儿学校致欢迎辞。目前世界时尚界的领袖麦丝玛拉公司就是这座小城的企业。在归国前夜,我参加了麦丝玛拉公司的招待会,得知麦丝玛拉公司曾经是这座小城的裁缝店,它之所以能够发展成战后时尚界的巨头,主要是因为他们支持这里的学校进行"创造性的教育",从而培养优秀的设计师和手艺人。现在麦丝玛拉是莱加·艾米利亚教育改革的支持者,东京的渡当代美术馆中"儿童的 100 种语言"的展览也是麦丝玛拉公司资助的。

丰富的教具和教材为学生的挑战和交流提供支持

（三）学习的环境与合作学习的关系

在我所逗留的五天时间里，在接到电视录像的许可后，我们用整整三天时间从早到晚呆在学校，我与同行的日本摄影师共同观察，记录了莱加·艾米利亚的教育实践及其改革。目前，莱加·艾米利亚有 20 所幼儿学校（3—6 岁）和 14 所婴儿（0—2 岁）保育所，此次参观的是三所幼儿学校和两所婴儿保育所。

莱加·艾米利亚教育的特征是创设启发儿童创造性和想象力的丰富的学习环境。可以看到：学校长期开展项目制的小组合作学习，并采用档案袋来具体记录儿童学习和发展的轨迹，各个学校都形成了以艺术教师和教育学者为中心的教师同僚性，家长和教师合作共同参与学校的运营委员会。所有这些都贯彻了"创造性"、"合作"和"共同体"的原则。

我首先观察了戴安娜幼儿学校的 4—5 岁儿童。莱加·艾米利亚的幼儿学校和婴儿保育所的建筑空间采用了独特的设计。踏进玄关就是一个"长廊"与食堂联结。与长廊毗邻的是建筑的中心"工作室"，那里准备了丰富的材料、资料和表现手法。所有的教室都是围绕"长廊"和"工作室"设置的，教室中丰富的教具和教材被细致地整理，儿童们分成小组各自进行项目制的合作学习。

莱加·艾米利亚学校的教具和素材都是经过长期的实践和交流创造出来的。例如，"长廊"中三面组合的镜子就是一个儿童们可以进出的万花筒。我小的时候就喜欢万花筒，当我看到万花筒的时候就想进去看个究竟。这个希望通过三面组合的镜子就可以实现。从下面透出光柱的"发光的桌子"、活用投影胶片的投影仪，能够放大影像的幕布等等，还有电脑的数码图形等都成为儿童日常创造性活动的素材。在"工作室"中除了各种壁画颜料、树脂颜料、黏土类和色纸，还有动物的骨头、贝壳、10 种以上不同颜色的砂，以及金素片、金属丝、星状亮片，还有按照型号大小区分开来的晶体管零件等，所有的这些都是用以启发儿童的创造性活动的材料。

教室中柔和的活动在安静的背景音乐中缓缓地展开。戴安娜幼儿学校的五岁班以"橘子"为主题，那些用电脑音乐来表现橘皮味的儿童们，那些以草月流一样的插花来表现音乐的儿童们，那些观看电视中的足球比赛，并用粘土来表现身体跃动的儿童们、那些用树脂画来描绘园中春色的儿童们，那些用金属丝来设计草叶和叶脉的儿童们，他们多样的活动在安静的空间中伸展开去。创造性的艺术既是儿童认知的表达，也是人与人关系与经验的表达。

（四）共同体的思想

莱加·艾米利亚的教育是"学习共同体"的实践。儿童们的学习共同体不仅体现在教室中，而且在儿童们放学以后，教师们还要组织会议，研讨当天儿童们具体的情况，磨炼其作为专家的见识和实践设计能力。家长们是学校的合作学习者。各班每月都要举行一次家长和教师合作学习会。

在参观戴安娜幼儿学校的四龄童学习会的时侯，几乎所有的家长（三分之一是父亲）都参加了，从晚上 9 点到 12 点，他们一边观看录像资料一边热烈地讨论孩子发展的条件。各个幼儿学校和婴儿保育所每校两名家长参加全市的学习会，所讨论的是"共同体与责任"的哲学话题，热烈的讨论从晚上 9 点持续到 12 点多。在莱加·艾米利亚，培养儿童和学校教育不仅仅是母亲和教师的事情，而是全体成人的事业，与职业生活一样，是需要花费时间和精力的，是全体市民的责任。

东京的渡当代艺术博物馆中名为"儿童的100种语言"的展览,展示了莱加·艾米利亚的教育气息和儿童们充满想象力的200多件作品,这就是创造性教育的未来。

二、以墨西哥小学为例
—— 宁静学改革的潮流

(一) 从墨西哥开始

2001年9月17日到11月14日的两个月时间里,我受聘成为墨西哥城研究生院艾鲁·考莱黑奥·德·梅黑考大学的客座教授,为研究生院的学生上课,并承担这所大学和国立教育研究所以及教育部召开的演讲会和研讨会的工作。自从两年前被外务省派遣到三所教育大学进行演讲以来,这是我第二次来墨西哥。这里介绍我在本职工作之外忙里偷闲参观的一个班级的情况。

我所参观的是位于墨西哥城中心地区的玛利塔·玛莎·德·菲尔莱丝小学六年级的一个班,班主任是布库图·露德利凯斯老师。这所学校是以出生在印第海纳的首任总统贝努斯蒂亚诺·卡兰萨的妻子的名字来命名的。卡兰萨是一位国民英雄,他于1867年粉碎了法国的殖民统治,推进了墨西哥的实质性的独立、民主和现代化。

布库图·露德利凯斯老师是本校近30名教师中为数不多的男教师之一。他是当时文部省的外国研修员,曾经在日本留学一年。我与考莱黑奥大学的博士生梅露瑟迪斯一起观摩了布库图老师的课。这位博士生曾经两度留学日本,日语相当流利。

当时正在上数学课,儿童们正在根据电话局通知的度数来计算当月的电话费。具体问题是:电话局通知上写着本月的累积度数为4070,上月的累积度数为3 851,每一度的电话费是1.307比索,本月需要支付的电话费到底是多少?

正如这道数学题所表现出来的那样,从2001年开始墨西哥进行了数学教科书改革。这个问题是教科书第16课的问题。新教科书所有的教学内容都与现实中具体的生活相联系。小学六年级的数学共有87课,其标题和内容"音乐中的数学"、"数值的计算"、"立方体"、"景点地图"等都是将数学的构造与具体的现实相联系,激发学生通过对问题解决的探究和思考来学习。目前墨西哥的教科书是国家制定的,是在教育部组织各学科的专家和教师通过多年的研讨制作而成的。与日本的教科书相比，这本教科书格调更高，内容更充实，是日本教科书页数的三倍。

但是，这本划时代的教科书并非受到所有人的好评。墨西哥的历史、科学、数学教科书不断遭到保守层的反对。历史中关于印第海纳解放运动的记载、科学中的性教育、数学中对创造性思考的追求都引发了保守派家长的反对。实际上，伴随着1997年教师大规模罢工运动，保守的家长联合反对新教科书、脱离公立学校的势头凶猛。墨西哥城的贫困人口过半数，小学中四成是私立小学。不仅富裕阶层选择私立学校，而且并不富裕阶层也让自己的孩子去上私立学校就读，因为这些家长反感性教育，讨厌创造性教育，他们希望子女去那些管理严格、反复学习、提供英语教育的如同快餐店一样安稳的私立小学。

以布库图老师为首的公立学校的教师们为了提升学校的信誉而努力着。但是，即使同在墨西哥城，位于市中心的学校却与城市周边贫困地区的学校教育条件大相径庭。城市中心的学生数递减，优秀教师不断集中，周边贫民区学生数激增而教师资源不足。

布库图老师六年级的课堂上正在开展合作学习

但是,公立学校教师们的奋斗还是取得了一定的成绩。在墨西哥,每十年文盲率减少10%,除了多语种的南部地区,可以说几乎所有人都识字。在贫民人口不断激增的墨西哥城,小学的入学率仍达到96%,这应该说是教师们奉献和努力的结果。根据这一成果,墨西哥市教委开始因地制宜,推行以"柔和性"和"自律性"为基础的"学习共同体"建设政策,但是这一改革政策却因为保守政府的压力和市行政财政困难的影响而举步维艰。

(二)教室的风景

布库图的课堂上还有一位助手名叫瓜达鲁培,她是国立师范大学三年级的教育实习生。2000年以前,与日本一样墨西哥的教育实习为期一个月,但从2001年开始这样的实习期延长至一年。

布库图的班上有12名男生和9名女生,共计21人。墨西哥的学校班级最大规模与日本一样是40人,贫困地区由于教师不足班级规模往往超过40人,而贫困地区之外通常是20—30人,教师的数量也据此而定。

在布库图老师的班级中,四五人的桌子并在一起开展合作学习。合作学习的教室风景已经成为全世界的趋势。按照布库图老师的说法,墨西哥的教室中也发生了宁静的革命,从桌子的排列就可以看出教师是保守还是革新,这种合作的、相互倾听的、革新性的教学在青年教师中获得共识。

布库图老师的教学非常棒。计算电话费的问题并不太容易,但是,不但所有的儿童都解答出来,而且儿童们都能够对自己的数学推理过程进行反思性的表达。并且,在音乐和日语综合起来的《如果幸福你就拍拍手》的记歌词的课上,每一位儿童都能够安心地表达自我,分毫不差唱到第五段。特别是他们所创作的关于"死者之日"(盂兰盆节,5月2日)的故事,以及他们在语言课上朗诵自己创作的诗歌,这些都体现了每位儿童个性化的、创造性的表现力和丰富的交流活动的展开。这个国家中新的教学方式也引发了宁静的革命。

教育实习生瓜达鲁培任教的是西班牙语,题目为"库埃莱塔露市中心"。课上儿童们读了各街道的地图,并小组讨论交流其中的发现。我和布库图老师在观课的同时,达成共识,认为教师的中心工作是"串联"。儿童之间、儿童与教科书之间、教室与社会之间、现在与未来之间,课堂故事中时间的、空间的联系都是通过教师的工作,只有这样才能使儿童进行丰富的学习活动。因为教育实习生瓜达鲁培是新手,所以,并没有有意识地进行"串联"。但是毫无疑问她仍是优秀的、高素质的女性,在一年的实习中,通过做布库图老师的助手而逐步成长起来。年轻教师一直是改革的希望和源泉。

(三) 与贫困的抗争

但是,包括布库图在内的公立学校的教师们的奉献和努力什么时候才能得到回报呢?从新闻中获悉,由于美国的报复战争,墨西哥的经济急速衰退,墨西哥城 2400 万人中贫困人口(月收入 2 万日元以下)比例超过 60%。在缺乏生活保障制度的墨西哥,贫困人口的生活陷入悲惨境地,街头到处是流浪儿童。这个国家自建国以来,三成人口参与社会工作成为富人,而七成沦为贫困人口。在全球化、规制缓和以及地方分权的情况下,这种情况日趋严重。

上月,电视新闻中听到了一个更令人震惊的消息。墨西哥的读书人口仅占 1%。在过去几十年间,墨西哥政府投入 16% 的财政预算来发展学校教育,仅从墨西哥城的统计来看,文盲率仅占 2%。文盲率之低令人吃惊,这可以说是教师们奉献和努力的结果。但是,人们根本不读书甚至连报纸都不读。而且在保守意识的束缚下,反对公立学校的革新改革,强调管理严格的重复学习的、安稳得如快餐店一样的私立学校方兴未艾。这些现实将如何克服?

教师们陷入深深的痛苦中,墨西哥的小学现在仍然实行双部制(上午的学校和下午的学校),一所学校中的教师合作互助、建立同僚性异常困难;并且教师的待遇低下,多数的教师教完了上午和下午的课后,为了赚钱还要去做其他工作。这样的现实不改变,从内部推进学校改革将举步维艰。我对布库图和年轻的瓜达鲁培的课堂上静悄悄的革命给予期望,并祈祷有一天他们日复一日的努力能够得到应有的回报。

三、波士顿一所小学的大挑战

(一) 学习共同体

5 月一个晴朗的早晨,我来到波士顿市中心的马依诺利提地区的米申·黑卢学校参观。这是一所仅有170名学生的小学校,学生中既有幼儿园的4岁童,也有米德禄小学的14岁少年。学校号召"拥护公立学校",五年前,在波士顿市教育委员会与教师工会的联合下,这所学校被设定为领航学校。校长是狄波拉·玛雅,她在来这所学校之前就曾经因为在纽约最困难地区的学校创造"奇迹般的成功"而闻名。她将哈林地区(Harlem)这所中学的辍学率从70%降到0%,学力水平也获得跨越性的提升。我在十年前曾经访问过她所在的萨托拉鲁·帕克·伊斯特中学,这是第二次造访。

十年前,我在狄波拉·玛雅那里受益匪浅。以滨之乡小学为中心(神奈川茅崎县)的领航学校的构想以及"学习共同体"学校的愿景等都是从狄波拉·玛雅的安静而扎实的学校改革实践中获得的启示。她信任学生的尊严和学习的可能性,了解教师工作的困难和宝贵,她是推进被称为"奇迹"的学校改革的实践者,是实现学校民主主义的改革者。

狄波拉·玛雅像以往一样热情地迎接我,她穿的服装如同和尚修行时的"工作服",这种愉悦是与生俱来的。与十年前访问萨托拉鲁·帕克·伊斯特一样,玛雅让即将毕业的5名儿童来给我同行的研究生和教师等8人做向导。"学校最重要的是倾听儿童的心声",她如是说。事实上,向儿童询问得知,这所学校是波士顿公立学校倡导民主化的领航学校。学校的特征是学习"五种认知的精神习惯"(基于事实的思考、从

狄波拉·玛雅的挑战代表了"学习共同体"的美好未来

同伴中学习不同的观点、思考意义的关联、假设之下的思考、联系现实的思考），每个人、每个学科都在实施这种教育。在所有的领域都重视艺术教育，从幼儿到中学生，每个人都成为学校的主人，校长、教师、家长等要倾听所有儿童的所有意见。儿童们都能用自己的语言确切说出学校的哲学，而狄波拉·玛雅在一旁微笑地守候着儿童们的成长。

（二）合作学习的关系

我们在 5 位学生的引导下参观了教室。这五位向导中的一位女生是我上次参观时采访的对象，那时她还是 4 年级的学生，当时她天真地说："我妈妈说这所学校比原来的学校好，到现在我还不知道到底是哪个好呢。"而现在这位学生可以用自己的语言来言说学校的哲学，她真的长大了。

我们在每个教室观察了 10 分钟左右，很明显，这里已经实现了合作学习和探究的关系。同行的研究生说出了他的第一印象："与滨之乡小学的氛围一样，互相倾听的关系是学习的基础。"狄波拉·玛雅在著作中说："教的活动在于倾听，学的活动在于言说"。

为了构建"小型共同体"，学校被纵割成两个大房间，每个教室负责组织两个学年的学分，这是复式班级。因为是同一主题的重复，所以能够进行深入的学习。玛雅"少就是多"（less is more）的说法已经成为全美教室改革的标语。

一年级由 20 人组成，五六人一小组开展项目学习。两位教师（科任与副科任）来帮助他们学习。课程由历史、科学（包含数学）、文学、作文、艺术五种学科的综合学科组织而成。上午聚焦其中一科进行项目学习、下午是读书、作文、外语、音乐的学习和课外活动。而且，一般学校的儿童在下午 2∶30 就必须回家，而在这所学校可以一直学习到下午 5 点钟。

参观了所有的教室，最令人惊叹的是教师们的成长。说实话，想起四年前参观的时候不禁令人感到不安。与萨托拉鲁·帕克·伊斯特中学相比，教师的技能还不成熟、儿童们也让人觉得不放心。但是，当时狄波拉·玛雅还是笑容满面地对待着每一位教师和儿童。因为她深知学校的改革需要大量的时间和心血，绝不能心浮气躁。正如她的期待一样，教室中所见的多数教师的表情和行动都令人刮目相看，但他们确实是四年前的那些教师。

每周五的早上，全校集会进行项目学习的发表和交流。家长们也参加集会，并对儿童们的项目学习进行评价。集会开始，幼儿部的小组来到前面，一个女孩子一边展示自己的画一边以"我的爸爸"为题表述自己的观点。当女孩子说起"爸爸在波士顿找到工作之前曾经呆在芝加哥"，每个孩子都安静地听着；下面的一二年级的小组以"旗"为题目进行了调查，他们还展示了自己创意的"美国国旗"；三四年级的小组制作了"家族历史"书；五六年级的小组研究"火山喷发"，七八年级的小组展示了"料理书"和"木工"的项目学习成果。

虽然每一次展示都是磕磕巴巴、轻声细气的，但却很有意思。最令人感动的是尊重每个人的学习、安静倾听的儿童们的反应。"互相倾听、合作学习是民主主义实践的出发点"这一理念在每位儿童和教师的身上得到了具体的体现。

（三）第二个家

实际上，对于 5 月末的访问我曾经犹豫过，不仅仅是因为学年末教师们都很忙，而是因为正值州的"标准考试"的实施期间，学校都忙于备考。考试结果是学校和教师的评价依据，是家长选择学校的参考。此时，狄波拉·玛雅成为批判"标准考试"的划一性和无效性的论战者之一。即便如此，米申·黑卢学校也难逃"标准考试"的紧箍咒。作为常常遭受非议的"公立、城市学校"，到底能否成功。全美的教育相关人员都关注着玛雅所在学校的"标准考试"的结果。

但是，我所有的担心都不过是杞人忧天。"标准考试不过是马耳东风"的爽快感油然而生。学校的学力评价不是以考试的形式进行的。学习的结果是将学生的作品归纳起来（报告或者册子），通过学习展示来进行评价。文件包也成为重要的资料。学校的毕业也是通过毕业论文来认定的。到了中学二年级，儿童们就要决定课题，并由一名班主任之外的成人来担任个人指导的角色，为儿童提供建议。家长与儿童也要参与决定学生们是否毕业。教师、指导者与家长委员会来共同决定儿童的毕业。他们将研究生院的毕业系统原原本本地运用到中学里面来。

学校的管理也采用民主主义的方式。无论是校长的选择、教师的选择、学校预算的确定、课程的确定等所有的一切的决定权都在"学校管理委员会"。"学校管理委员会"是由 5 名家长、5 名教师、5 名市民和 2 名学生组成的。保障校长、教师、家长、市民、儿童同等的权利，他们的发言、期望都受到同等的尊重。即便是幼儿也可以为学校的改革提出建议，并可以得到实现。

　　最后，波狄拉·玛雅让5名做向导的儿童参加了座谈。当问及"每位儿童都在亲切交谈，那么你们知道这170人的名字和长相吗？"时，5个人异口同声地说："知道所有人的名字。""那么，你们是怎样记住其他人的名字的呢？"我问。有的说："我们总参加项目学习的展示会，即便不认识也会有人向我询问学习方法，我也可能去问别人。"有的说："通过课外活动，我们的朋友多起来了，我们互相关心，很快就记住了。"当我问到"你认为这所学校哪个方面最棒？"时，四年前曾经在访谈中回答同一个问题的女生边笑边答："在这里真正了解了学习的目的和意义，能够在学校学习到5点钟。"这样的对话一直持续着，狄波拉·玛雅在一旁微笑守护着。

　　当我说到"这所学校是你们'第二个家'"的时候，5个人都争前恐后地回答："啊，真是的，是我的'第二个家'"，"也是我的"，"'第二个家'这个词很贴切呀"，"嗯，是共同学习的家"。这些看似平静的儿童们内心一定雀跃不止。我偷偷看了一下狄波拉·玛雅的脸，她笑容可掬，满脸喜悦。这次造访让我感动不已，屡次几近落泪。这里就是学校的未来，是民主主义的希望。

四、巴黎郊外的小学
——创造学习共同体的教室

（一）教室的变化

　　2002年9月11日，我访问了巴黎郊外的比利·舍泰恩市的久尔·拜耳小学。这所小学有250名学生和15名教师（包括一名校长以及为移民儿童安排的特别教师2人）。

　　我进入了帕特里希尔·弗拉恩科老师所教的三年级。虽然这个班级没有不会说法语的学生，但是23人当中有10人是外国国籍。

　　众所周知，法国的学校是欧洲国家中传统学校样式比较明显的国家。即便是法国的教室也在缓慢地发生变化。在进行活动式的、合作学习的教学改革。帕特里希尔老师可以说是其中的典型代表。儿童们3—5人一组，分成6桌坐，通过交流来展开学习。教学的内容：数学的第一单元"大数字"，通过数粉笔盒中的粉笔来学习从1位到

1000位的 10 进位数的构造。

　　最初 10 分钟老师让每桌回答粉笔盒中的粉笔数量，然后给每个桌发习题纸，让他们分别计算 380、720、105、1990、1793 等题目。每桌的学生都互相听取同伴的意见，互相切磋进行多样思考的学习。其秘诀是教师对小组构成的考量与教师细致的应对。这个班级在编组的时候考虑到了学生的文化和能力的差异。各组的儿童数学能力相当，同时还考虑了文化、国际等因素，使学生不致孤立。正是通过这种考虑所编的小组才具备合作学习的条件。

　　帕特里希尔的应对也让我印象深刻。她一边不慌不忙地看着各个桌上的儿童们举手求助，一边给那些不能自主学习的儿童给予帮助。她深知挫折和疑问能够让儿童们更加深入地学习。

　　合作学习进行了约 20 分钟，帕特里希尔让已经做好题目的学生聚在黑板前面。15 个儿童围坐在黑板前，以帕特里希尔老师为中心，共同进行概念化的交流。虽然没有人提倡，但是每桌小组的协同作业与围坐在黑板前面地板上的多数人交流成为世界共通的新教室的风景。不仅是在美国、加拿大、意大利、还是日本，法国也在推进这样的教学改革。教师们创造了具有这两种场景的教室。未来的学校就要做好这样的准备，让教师们无意识地探索教室环境的变化。

（二）对差异的应对

　　在这间教室里，帕特里希尔老师对探究性交流的促进以及对学生文化、能力差异的周到考虑支持着这种扎实的学习。黑板前围坐交流开始时，教室后边 1 名男生与靠窗的 3 名男生组成的小组以及黑板前的 4 人小组（有一位女生）都各自坐在桌子上继续做最初的课目。帕特里希尔老师一边环顾，一边将已经完成题目的学生们的意见串联起来。$380 = (3 \times 100) + (8 \times 10)$、$720 = (7 \times 100) + (2 \times 10)$。但是 105 该怎样表示呢？学生们有点迷惑了，经过讨论，他们发现了 100 可以用 10 根 ×10 根的粉笔表示，再准备表示 1 的盒子，那么就可以用 $105 = (1 \times 100) + (0 \times 10) + (5 \times 1)$ 来表示。

　　但是，桌上持续学习的 8 人已经到了极限，他们的作业和讨论也戛然而止了。帕特里希尔老师最先察觉到这一问题，她给黑板前的学生们发了题单，让他们挑战 4 位数（1990、1793）的问题，而其他各桌回到原来的题目，她再次围着桌子巡视，专心地对那些还不明白的儿童进行一对一的细致辅导。

学生之间的文化和能力的差异是协同作业与讨论交流学习的必要条件。同质、同层次学生的协同作业与交流，乍看好像非常活跃，实际上不过是相同的作业和意见的重复而不是学习，差异唤起和促进了学生的学习。但是如果文化和能力的差异相差太大，协同作业和交流难以形成。其中一人可能会支配整个小组，从而剥夺了其他同学的权利。更有甚者，可能会引发鄙视、欺凌和争吵。

在法国，9 月第一周是新学年的开始。帕特里希尔老师不久前刚刚接管这个班级。帕特里希尔老师之所以能够按照文化和能力差异较小的方式来编组，是因为这是学年之初。儿童们的交流是通过互相倾听和共同探究关系发展而来的。一改原来以文化、能力的差异分成大组的做法。只有这样才能开展更加丰富更加扎实的学习。帕特里希尔的编组方法说明她洞察到学习发展之道，表明帕特里希尔老师具有高超的教师专业知识。这不禁让我想到了日本学校推行的"按学习熟练程度编班"的惨状。"按学习熟练程度编班"这种落后于时代的做法与世界的学校改革背道而驰。

当落后的学生小组作业开始跟不上的时候，帕特里希尔老师让这些学生坐到黑板前面，让他们对概念进行讨论，最后他们终于弄懂了 $380 = (100 + 100 + 100) + (10 +$

草根式的课堂改革在法国方兴未艾

$10+10+10+10+10+10+10$），帕特里希尔老师教给他们这个式子可以用（3×100）+（8×10）来表示。突破了这个瓶颈下面就简单了。8 个学生共同努力学会了 720 和 105 的表示方法。而后，虽然比之前的学生迟了 15 分钟，他们还是回到座位上开始挑战 1990 和 1793 的计算。所有组的协同讨论愈发活跃了。

（三）教学改革

参观完课堂之后，我与帕特里希尔老师、米希尔·普兰校长、比利·舍泰恩市的学校改革领袖安德莱·凯普（预科校长）、为我做翻译的朋友莱维·阿尔巴莱斯·克劳德（广岛大学副教授）以及市里的指导主管坐在一起研讨起来。

这所学校面向本市的米特兰广场。从名字可知这里是社会党政治影响力较大的区域。这里有贫困外国人居住区，学校中三成具有外国国籍的学生都来自这里。这所学校的后面是法国工人的公寓，与另一面是中产市民的别墅住宅毗邻。这种社会的、文化的差异是学校教育的困境之一。

但是，周围也有贫民窟为主、工人的公寓为主或者中产市民的住宅区为主的小学，这些同质的学校不但同样困难重重，而且其学习也得不到发展。

而在帕特里希尔老师的教室中，虽然儿童的文化、能力差异较大，学习效果的差异却很小，是因为他们是根据交流的成熟度来组织的。当我指出这一方法的高明之处时，安德莱·凯普笑着答道：“这正是这一地区学校改革运动的成果之一。”

两年前，为了减少留级生，法国的教育部开始采用以两年为一单位的课程组织形式。为了提高教师的专业性，教师每年要进行 6 次义务在职研修。采用两年为一单位的课程组织方式，保障了教学进度的灵活性，也保障了儿童多样能力的培养以及教师更为细致的对应方式。而且，学年制的柔性化、两年为一单位的课程组织形式是发达国家共同的改革方向。

但是，开始帕特里希尔老师就对参与研讨的人们提出：这一举措尚未发挥其应有的作用。她还指出：在没有形成对儿童学习能力的信任之前，学习环境不变，对于“教育”、“知识”和“学习”的观点不变，任何问题都无从解决，真是掷地有声；而且如果不能在学校内部形成同僚之间互相学习的关系，行政推行的在职研修只能让教师更加忙碌。学校的“学习共同体”改革也会不断激活法国的草根化运动。

五、与学习相连的、民主的社区

——剑桥市的一所小学

（一）共同体的学校

2002 年 10 月 21 日，我从哈佛大学坐车十分钟到剑桥市郊外的哈卡提学校参观。我已经参观过这所学校，每过几年我总要去访问一次，而且也并非什么名校，不过是个名不见经传的学校，也不是什么有特点的学校，只不过是一所普通的公立小学，但是这所学校却不断地吸引着我，让我从中受到一次又一次的启发。

一踏进校门，校长乔治·派特纳带着不变的笑容前来迎接，这是我 15 年的朋友。乔治毕业于以开放教育（open education）而闻名的诺斯·达科它大学研究生院，取得了语言发展研究的学位后，成为剑桥市支持学校改革的指导主任，12 年前成为该校的校长。虽然他在本市之外并不为人所知，但却是我最为尊敬的教育者之一。公立教育是由无数拥有丰富的知识和经验的教师支撑起来的，而他就是其中一位。乔治留着像圣诞老人一样的胡须，总是用温柔的目光细心地关注着孩子和老师们。当天也是这样，他戴着红色的、鲜艳的领带，题单上画着儿童们最喜欢的插图。乔治最厉害的地方是他深知学校到底是怎样的地方，要完成这样的使命需要哪些因素，教师、儿童与家长会遭遇怎样的困难以及如何来克服这些苦难。所以无论是儿童、教师还是家长都亲切地称他为"乔治"，对他充满了信赖和敬爱。乔治深知学校的公共使命是回应不同儿童的多样化需求，建立教师与家长之间的合作关系，构建"民主的社区"。

所以乔治总是很忙，从早到晚，从新年到年末，乔治总是来回奔走。他不但是哈卡提学校的校长，而且还是市内 15 所小学的教师在职研修项目的指导者。这种指导要与近郊的大学合作。而且，剑桥市三十年来一直实行各种人种均衡化的学校选择方式，而从 2002 年起学校的选择不但要保持人种的均衡化，而且要实现家庭经济收入的均衡标准化。要使家长理解这一政策需要付出很大的努力。剑桥市教育委员会还要将从 8—4 学制改为 6—3—3 学制，最初的米德尔学校（中学）的建设的任务也落在来乔治的头上。创建"民主社区"的一切工作几乎都有乔治的参与。

（二）宁静的变革

在乔治的带领下,这一天我们参观了三年级的教室、学前班教室和一年级的教室和图书室。三年级的教室正在"默读",18 位儿童正在克里斯和因特恩的指导下学习。教室由小组合作学习的桌子以及"科学"、"读物"、"美术"、"数学"等展示角构成,聚焦学习、准备了启发性的环境。这种教室可以说体现了现在世界的趋势,是兼具研讨室和工作室风格的教室。

"默读"结束后,大家团座在教室前面的圆毯上,共同探讨"什么时候不想看书"的问题。学生们不断地发表着意见"话题无聊的时候"、"没什么事情发生的时候"、"想做别的事情的时候"、"书写得很差的时候"、"生词太多的时候"、"话说得太长的时候"等等。柔和的声音伴着时间静静地流逝,让人如沐春风。

在访问中,所有教室共同的安静与柔和让我印象深刻,之所以能够如此宁静是因为每个人的学习都受到尊重和信赖,想从别人轻声的发言中学习,从而形成互相倾听的关系。但是是这种平稳的气氛是怎样形成的呢? 该校的教室充满了"质的时间",共同学习的气氛相互交融形成的。

在安静与平稳中产生了教室中交流的柔性与密度,这与对教室环境的周到考虑密不可分。学校教室的桌椅腿都是用旧网球像袜子一样套上。这样,学校教室里就不会产生因为桌椅的挪动,铁器摩擦产生的刺耳声音。小心思带来了大成效。这个班级中有好几个情绪不稳和学习障碍的儿童,这种安静和平稳给他们营造了良好的学习氛围。

学前班的教室里 12 名儿童在班主任教师因特恩和本地志愿者的帮助下进行学习。这个教室里也挂着很多公示板和色彩丰富的素材。例如,黑板上面用牙齿状的纸将 1—12 月写出来。对幼儿来说乳牙的脱落是很重要的事情。在经历丧失的恐惧的同时,也获得了从婴儿蜕变出来的骄人经历。教师玛丽抓住机会把它与"月份"的学习联系起来。

刚进入教室,正赶上吃间食。这在美国的学校生活中有着独特的意义。值日的儿童将点心和果汁准备好,虽然只是吃零食的时间,但是这里学到的却是社交礼仪,从而形成一种在茶点时间享受同伴对话的社交礼仪。

间食吃完了,玛丽让儿童们在教室前集合,以"日历"为主题讨论起来。首先在"昨天"、"今天"、"明天"三栏中贴上"周日"、"周一"、"周二"的卡片,然后贴上"20日"、"21 日"、"22 日"的卡片。儿童们都将注意力集中在 10 天后的万圣节上。玛丽看了看"昨天"、"今天"、"明天"的卡片,问道:"31 日的万圣节到底是周几呢?"为此还拿出 10 月的日历来确认。仔细看时发现:日历的日期栏中有"南瓜"和"猫"两种图案,而且用"南瓜"、"南瓜"、"猫"的顺序来重复记录,玛丽问"31 日万圣节是'南瓜日'还是'猫日'呢?"儿童们拼命掰着手指算了起来。重复的图示认知很好地吸引了他们的兴趣。

在一年级的教室里,班主任艾丽莎贝斯教师正在展开教学,让同学共同了解拉美裔安迪的故事。安迪是数月之前从海地来美国的移民。老师提出了很多关于安迪的问题:安迪的出生地海地是怎样的地方,安迪的朋友们如何,安迪的弟弟在家做什么,安迪家养狗了吗,安迪什么时候最幸福等等,儿童们讨论完关于安迪的话题,就以"安迪的故事"为题来写书。

"儿童的观察是教育的原点",乔治·百特纳如是说

(三) 对学习的支持

该校发展性学习的支持来自图书管理员卡琳。她不但与其他图书室合作为各个

学年准备学习课题的参考资料,而且还以图书室为基础独立开发不同年龄的小组学习项目。"恐龙的发掘"、"地层的研究"、"因纽特人的生活"、"消防员的工作"、"原爆之子"、"数的发现"等等,课题多样,图书室自身也根据课题角来构成。5 楼的图书室和3 楼的电脑室是支持儿童学习以及教师课程开发的资料中心。

参观完教室,我们询问了所有年级的儿童都能够互相倾听并实现了教师之间合作的秘诀,乔治说:为了使所有的儿童专注和挑战学习,学校就必须是舒适的,不但鼓励每个人的成功,而且强调要尊重每个人的挫折与失败,儿童相互倾听的关系就是从中生发出来的。

在学校运作方面,他特别强调教师细致观察儿童是非常重要的。他说:儿童们总是能细致地观察教师,但是教师却很少同等细致地观察儿童。该校几年前就开始进行提高观察力的研修,要求对教室中所有的对话进行录音,并重新倾听儿童的声音。从中发现接受儿童们"表达的语言",这一点是如此的重要,重要的不是对这些声音抽象的、一般的认识,而是根据项目学习的经验所产生的具体认识。

不仅仅要具体认识每位儿童的"表达的语言",而且教师之间、家长之间同样要相互仔细观察、在共享活动的同时建立愉快的关系,这是所有改革的前提,也是乔治的改革哲学。

合作学习的日子③
学习的变革促进学校的变革

学校也是教师们互相学习和成长的场所。学校的改革需要所有的教师公开自己的教学,并在校内建立起专家式的、共同成长的同僚性。

我认为那些关闭课堂的教师没有资格成为公立学校的教师。因为无论他的教学实践如何精彩,都不过是将儿童私有化,将教室私有化而已。为了保障所有儿童的学习,教师必须要一起开放课堂,从而形成实践者的共同体。

学习的变革促进了
学校的变革

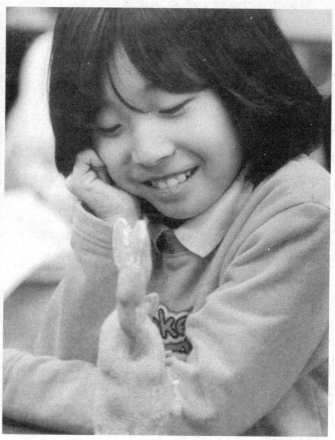

第六章

学习的触发与援助

一、学习的成立

（一）一个课堂的风景

让我们来观察教室中学习的情景。这是静冈县富士市广见小学一年级的语文课。赤渊老师是具有 20 年教龄的资深男教师。乍一看，样子有点儿凶，但对待儿童们却温暖而柔和，这为 36 名儿童营造了成长和安定的氛围。这次所用的教材是《不可思议的种子》，和以往一样，上课时，还是先让全体学生起立，每个人按照自己的节奏来朗读课文，不是让儿童齐读课文，而是每个人以自己的节奏来朗读，这是很了不起的。只有每个人以自己的节奏来朗读和表达，才能使儿童与教科书语言相遇，唤起儿童的肢体动作。读完的儿童陆续坐了下来。不久，慢慢品读的最后一个人也坐下来。读完的儿童坐好，一直听着最后一个儿童读完。虽然他们进入一年级还不到半年，但是就已经是很好的倾听者了。

所有儿童都读完了，赤渊老师在黑板上写出本节课分析的部分，并让大家再朗读一遍。

"牛膝草的种子粘在人的衣服或动物的身上，就可以被带到各处。"儿童都在问："牛膝草到底是什么?"虽然教科书上精确地画出了牛膝草种子的图案，但是儿童们还是不知道牛膝草是什么样子的。赤渊老师将前几天采集来的牛膝草分给儿童们，他们才恍然大悟："啊，这个知道的。"我旁边桌子的儿童把果实摘下来粘在衣服上，班级的其他同学也来效仿，只要轻轻触碰衣服就可以体会到粘连的乐趣。

受到牛膝草的启发，赤渊老师再一次让儿童们朗读黑板上抽出来的那段文章。而后，一个男孩子站起来问道："けもの"是什么？赤渊老师让一名女孩来回答，她回答道："就是毛衣呀背心呀，这些都是'けもの'。""原来是这样啊。"儿童们恍然大悟。难道她把"けもの"读成了"毛物"？另一个男孩站起来说："不对，不对，嗯，粘衣服是指过节穿衣服。"回答得完全不着边际。儿童们刚刚体验的牛膝草的种子粘衣服的印象与将"けもの"读作"毛物"的儿童的想法互相冲击，于是完全按照自己想法构建了"けもの"的形象。结果是错误的，但是每个人发言的片段将"けもの"这个词的形象叠加起来，甚至产生了"过去人们把皮毛围在腰上"的意见。

这时，赤渊老师将自己脱下的毛衣取出来，说道："这就是'けもの'啰？"在确认学生们对"けもの"的想法之后，赤渊老师读了一遍黑板上的"粘在人的衣服和动物的身上"一段，问道："那么，这里的'けもの'是不是毛衣呢？"此时，一个男孩举手道："'兽'是动物的意思。"赤渊老师回应说："对呀，'兽'的意思是身体上覆盖着毛的生物，那就是动物啦。"

于是又读了一遍"粘在人的衣服和动物的身上"一段，并根据文章中的语言确认"牛膝草"是"粘"在"人的衣服"和"动物的身上"的。教科书上画着"牛膝草"种子的放大图，米粒状的种子上有两个翅膀式的突起，这个突起就是用来"粘"的。一个男孩子说"像兔子一样"，当问到"为什么"的时候，男孩说："好像兔子的形状，又像削了皮的苹果。""原来是这样"儿童们听到这个答案，竟然很同意。这正是一年级教学的有趣之处。儿童们充分了运用了自己脑中的形象，把每一个对象都被看成身边的东西。

赤渊老师问道："书上画出了牛膝草种子的样子，你们还知道像牛膝草一样粘的种子吗？"他们异口同声说："粘虫、抓抓将。""粘虫"、"抓抓将"都是他们自己取的名字，其实是苍耳的种子。这是一种典型的粘衣服的种子，他们都有过把苍耳的种子粘在朋友衣服上玩耍的经历。赤渊老师又给每个人发了一颗苍耳的种子，并对他们说：有人叫粘虫"，有人叫"抓抓将"，但是正确的叫法是"苍耳"。

然后，赤渊老师递给每人一个钢笔状的简易显微镜，让他们放大观察苍耳，这是50倍显微镜。聚精会神观察显微镜的儿童们欢呼雀跃，"真了不起"的欢呼声此起彼伏。放大后的苍耳的种子确实不一样，上面有很多刺，好像另外的生物一样从果实里飞出来，又好像进入了几亿年前的原始森林。赤渊老师却还有别的目的，他问道："刺尖是什么样的呢？"儿童中又传来惊叹声。原来一根根刺尖并不是直的，而是弯曲成钩状的，正是这种弯曲的钩状刺挂住了衣服。

这样，《不可思议的种子》的段落分析课结束了。因为还有一些时间，最后，赤渊老师给学生们留了题目:"问问旁边的朋友今天学到了什么?""'抓抓将'是什么东西的果实?""是苍耳的果实。""粘虫的刺尖是什么样的?""直的,尖是弯的"这样的对话相互交融,其中还夹杂着这样的对话"けもの是什么?""'けもの'是洋装呀,毛衣什么的。"虽然老师仔细地强调了多次,儿童们"けもの=毛衣"的想法还是很坚定。

(二)学习的成立

这节课上,教室中一年级学生灵动的气息令人欣慰。相貌粗糙的赤渊老师对儿童们细致的回应令课堂润泽起来。精心设计的教学过程促进了儿童们活跃的参与。赤渊虽然是有着 20 年教龄的老教师,但是由于长得有点凶,所有一直未能教低年级。这是他第一次教一年级的儿童。在来这所学校之前,为了研究如何对待儿童们,他还特意到养护学校体验了三年。从教学过程中可以看出这一点。

以案例为基础来描绘一下学习成立过程的样态。学习是与物相遇、与他者相遇、与自己相遇的经验,通过与物对话、与他人对话、与自己对话,展开从已知世界到未知世界的旅程。通过与物对话、与他人对话、与自己对话,学习者重新建立了与对象世界、与他者与自己的关系,并重新建构了各自的意义。这种意义与关系的重构就是学习。

在这节课上,儿童们首先是与教材中的文章相遇,文中的语言所包含的意义不是一成不变的,而是通过学习者阅读文章的行为形成对文章语言的意义和形象。"けもの"相关的讨论正说明了这一点。在阅读时,因为很多儿童同意"けもの=毛物"的说法,所以即便老师解释了"けもの=兽",有很多儿童还是接受和理解"けもの=毛衣"的说法。这里"けもの=毛衣"的理解是否正确已经不是目前的问题,每个人关于"けもの(兽)"这个词的意象所展开的讨论,包含了"けもの=毛衣"和"けもの=兽"这两种解释,儿童们以各自的意义来重构文章内容的方式令人叫绝。学习的展开首先将自己与对象的关系形成意象,每个人的意象互相影响从而形成概括性意义的过程。

"苍耳"的果实被称为"抓抓将"和"粘虫"的场景中也可以看到相同的过程。儿童们互相交流,把苍耳的果实叫作"粘虫"、"抓抓将",教师还加上了"苍耳"这一学名,同一个果实加了三个名字,这样果实与儿童之间建立了多重关系。知道"苍耳"这一学名不是学习,通过"粘虫"、"抓抓将"、"苍耳"这三个名字,这种果实的称呼和意象更加多样而丰富,与儿童之间产生了全新关系的过程才应该称为学习。

把牛膝草和苍耳的种子带到教室观察也令这节课的学习变得十分丰富。一名儿童观察了教科书上的插图和实物，把这种果实说成是"妈妈给我做的苹果兔子"，这引来了哄堂大笑。后来，通过显微镜观察苍耳的果实，一名儿童将其比作是"宇宙的鬼屋"，另一名儿童说是"宇宙的原始森林"。用以表达对这些奇怪的、几何形状的惊诧。普普通通的"粘虫"、"抓抓将"的种子，仔细探究这个微小的世界时，也会出现别样而神秘的世界。儿童们体验到了与苍耳果实新的相遇。同伴们的"宇宙的鬼屋"、"宇宙的原始森林"等表达唤起了儿童们与对象新的相遇。事物引发了人们无限的想象力。用简易显微镜来实现与实物的相遇，这时不仅仅是体验文章的语言，而是真正学习和认识到了"种子的不可思议"。

一般上课，特别是语文课，常常限定于教材文章和语言的认识，很少将实物带到教室中来。因此，教科书的内容就仅仅是教科书中的故事，学习知识语言方面的体验，与儿童生活的现实世界隔绝。但在这节课上，通过把牛膝草和苍耳的种子拿到教室里，儿童通过与真实种子的相遇与对话真切感受到了"种子的不可思议"，实现了真正的学习，这正是生活语言的学习。

二、超越独白式学习

教室中的学习是通过与对象世界(事物、教材)的相遇与对话，是通过教室中与教师、与伙伴的相遇和对话，是与自身的相遇和对话来实现的。学习就是这三个维度的对话的实践，学习是通过与对象世界的对话(创造世界)、与他人的对话(交到朋友)、与自己的对话(重构自我)这三种对话实践综合的产物。因此，学习是否能够丰富地展开，就要看学习是否是以对话的形式来实现的。

学习中发挥作用的是语言的对话性格。我们以广见小学的观察课为例来探讨。

广见小学的四年级学生在地区的环境学习中开展了以"地下管道"为主题的综合学习。广见小学位于富士山麓的拓荒地。刚开始进行综合学习的时候，教师们时常感到困惑："与其他学校相比，本地既没有历史遗迹也没有河流和海洋"。其中四年级的年级组决定，姑且设定环境学习的方向，设定了"下水"的题目，并让学生开始调查生活排水。首先是参观富士市的下水处理厂，观察臭气熏天的下水道水如何通过污水处理设备来净化。但是，这里教师和儿童都要面临巨大的问题。调查完污水处理场后，儿童要调查各自家庭生活用水的排放，但是，半数以上的儿童家中都是在厕所放置了净化槽,生活排水不是流入下水道而是直接流入河中,这确实会污染河流和海洋。有些地方甚至三分之一的家庭没有下水管道。

于是,学生分组调查了学校周围下水道的设置情况,他们的妈妈也参与了此项调查。在每个地区查找下水井,并在学校的地图上标出下水井的位置。富士市的下水井印刻着富士山的图案,下水是向富士山图案的山顶方向流动的。了解这一点,就可以清楚地知道下水的流向,很容易找出下一个下水井。这样,在地面上难以观察的下水道的设置情况就明显地标注在学校的地图上。从地图上一目了然,学校周边的中心区域几乎所有的家庭中都安装了下水管道,而距离学校较远的地方几乎所有的家庭都没有安装下水道。

四年级的红林老师在课上询问"是否应该花重金修下水道",并将其作为课题让儿童展开讨论。红林老师希望在这节课上以辩论的形式展开活跃的讨论。首先,让儿童在上述问题中明确自己的意见是"赞成"还是"反对",要求他们在课上阐述和交流"赞成"或"反对"的原因。所有的人都在流畅地表达自己的观点,而且为了使讨论更加活跃,他们将桌子移到后面,只剩椅子,儿童们很快聚在黑板前交流起来。

同意"应该花重金修下水道"的学生列举了河水污染的生动现实,说明下水处理的效果,并表示仅仅靠净化槽来净化厕所的污水和生活污水是无效的。而持"反对意见"的儿童则认为,在没有下水道的地方设置家庭的净化槽已经花了很多钱,而且铺设下水道的话经济负担会很重,即便是没有下水道,也可以用天然洗涤剂来代替合成洗涤剂来保护环境。

红林老师听完了所有人的意见后讨论暂且告一段落。然后让学生思考"为什么迟迟不修下水道"。让儿童回到后面的桌边把自己的思考整理好,并让整理好思路的学生按顺序探讨"下水道安装滞后的问题"。

红林老师之所以放弃了"是否应该花重金修下水道"的问题,是因为即便再讨论这个问题同学也是同样意见和判断,实际上,反复讨论相同的意见会造成教学的平板化。如果只是让儿童们表达自己记在笔记上的意见,那么在讨论的场景中就无法生成生动的语言。那样只会白白浪费时间,只有特定的学生发言,讨论将陷入胶着状态。而且,既然在本地做了如此认真细致的调查,如果儿童的语言与调查中获得的经验毫不相关的话,再讨论也是徒劳。红林老师的判断是正确的。

但是,红林老师的"为什么迟迟不修下水道"的问题对儿童们来说太难了。虽然让儿童们将"自己的意见整理在笔记上",但是几乎所有人都一字没写。即便如此,讨论还是徐徐地展开了。

一个女孩说出了调查下水井之后妈妈的话：即使市内给予一般的补助，安装地下管道还是太贵了。接着另外的女孩子说出了父母的埋怨：在买房的时候没有准备净化槽的预算。而后，各种意见层出不穷：根据富士市的道路规划，将来要收购房屋来修路，如果这些地方没有安装下水道的计划的话，就要去同政府的人谈判等等。这些都是每个儿童根据生活的事实和调查得出的结论，虽然是磕磕巴巴，但是这些发言都充满了现实感。而且一个人的发言还会触发其他人的发言，如"听了某某同学的发言，我想到——"，"某某同学的发言让我想到——"，"某某同学的看法我不太同意——"。同学们的发言如同织物一样相互关联、持续。前半段的讨论是以异质的交流方式展开的。

接着一个男孩子提出了自己的看法："我从一个怪叔叔那里听说，这个地区底下到处都是巨大的岩石，修建下水道应该不是那么简单的事情吧。"此时的讨论已经接近了红林老师对"为什么迟迟不修下水道"这一课题的预想。于是红林老师让他"再说得详细点"。男孩子说自己从学校回家看到路上正在施工，遇到了"怪叔叔"，他想可能是在修下水道，于是就不假思索地向"怪叔叔"询问。虽然那不是下水道的工程，但是那个"怪叔叔"（道路施工人员）说："这个地区地表之下到处都是巨大的岩石，施工非常困难。"听了这个意见，其他人也说出曾经与同学一起去学校周边新建房屋的地基施工现场，当时的施工也是这样，刚刚开掘就发现了巨大的石块，施工进度非常缓慢。

儿童们的发现与讨论终于接近了问题的核心。广见小学校区的地下管道之所以不完备，是因为这个地区地处富士山山麓的拓荒地。这个地区的地下埋藏这无数富士山喷发、堆积而成的巨大岩石，修下水道需要耗费巨大的人力和财力。在建设广见小学校舍的时候，浇筑地下混凝土支柱耗资巨大。之所以下水道建设仅限在广见小学的周边，离学校越远越不完善是因为这个地区的开拓是以广见小学的建设为中心逐渐向外扩大的。特别是住宅区大量扩张的 70 年代，新开拓的地区基本上都没有建设地下管道。这样，以"下水"为切口，四年级学生的环境学习不断展开讨论，他们发现的地区历史与课题连教师和家长都不太知晓。

回到红林老师的课堂，再来探讨一下这节课中交流的特征。如上所述，教学前半的"辩论"与后半的"讨论"，交流方式与言语具有质的差异。一言以蔽之，这体现了"独白语言"与"对话语言"的差异，前半分成"赞成"、"反对"，这不是"讨论"，而是每个人意见的独白，不能形成对话关系。各自在自己的笔记上整理意见，并以独白的方式表达出来。因此，每个意见之间缺乏明确的联系。而且，对接连发表意见的儿童来说，他们的意识没有发生变化。最初与最后发言的内容之间很难发生质的差异。这不仅阻碍了与他者的对话，阻碍了与自己的对话，而且也阻碍了与对象世界的对话。因此，即便是专心地进行了地区的调查，儿童的意见中并没有反映出他们所经历的事实。

不仅红林老师，多数教师都在追求学生活跃而明确的阐述意见的教学。与那些模糊的、磕磕巴巴的语言相比，教师更加重视明确的语言和明确的意见。在地区调查后，红林老师设定了"是否应该花重金修下水道"的课题，将儿童们分成"赞成派"和"反对派"组织讨论，希望这样可以让他们明确而活跃地讨论自己的意见。但正如红林老师所期待的那样，儿童们表明了"赞成"、"反对"意见，并用明确的语言来发言。但是这种语言却与与他人、与自己、与对象世界对话的语言相去甚远，这只是独白的语言。

这节课的精彩之处就在于红林老师又进行了另一种挑战。如果说红林老师一贯的教学风格在前半段当中表现出来的话，那么之后红林老师教学改革的方向就在后半段的挑战中表现了出来。红林老师竟然提出了"为什么迟迟不修下水道"这样的难题，这是在倾听暂无话可说的儿童们的内部思考。实际上，这个问题不能说是个很合适的问题。几乎所有的学生都没有在笔记上写出任何意见正说明了这一点。但是，对于想要倾听每位儿童的内部思考的红林老师来说，这正是课堂交流的根本性转折。

"听了某某同学的意见后我想到——"后半段中"讨论"中对话的语言的展开正是从这些话语中表现出来的。很明显这是以他人的语言为媒介生发出来的。每个发言都是通过与他人的对话而形成的。而且，很明显这些发言是在与自己的对话中成立的。磕磕巴巴的语言也是其佐证。每一个发言所发展的思考促进了自己内部对话语言的产生。而且，很明显，这些语言是作为与对象世界对话的语言而产生的。这是因为调查、经历的事实得到了生动而丰富的体现。教学的前半段所表达的是"意见"，而后半段所表达的是"经验"，这一点很重要。其结果是，思考的内容更加真实，学生们获得了生动而丰富的经验。

红林老师的课上，教室中的交流从独白的语言转变成对话的语言，这是一种珍贵的挑战。学习是与对象世界（物、事）对话的实践，是与他人（教师、同伴）对话的实践，是与自己自身对话的实践。红林老师的挑战对我们来说是很好的事例，为我们回答了以学习为中心的教学改革应该改什么以及怎样改的重要问题。

三、合作学习的关系：为了教师之间的互助与共同成长

两年前，广见小学全体教师开展"在教室中构筑互相学习的关系"的课题，并展开教学改革。当时，佐藤雅彰校长由中学教导主任转任为小学校长，他决心要"建立学习共同体学校"，这成为教学改革的出发点。佐藤校长本来是中学的数学教师，专心于数学教材和教学的研究，效果显著。佐藤校长读了拙作《课程批判——走向公共性的重构》（世织书房，1995），受到触动，明确了"建立学习共同体学校"的想法。

"学习共同体学校"意味着不仅要使学校成为儿童们合作学习成长的场所，而且意味着学校将成为监护人（家长）通过参与教育活动共同学习成长的场所。佐藤校长对我所提出的教育改革愿景形成共识，在他在就任广见小学校长后，马上与教师们一起着手进行这一愿景的改革。

"学习共同体学校"的建设要以三项课题为中心来推进。第一是学习为中心的教学创造；第二是全体教师互相公开教学的专家共同成长的教学创造；第三是家长共同参与教学创造，组织"学习参与"。

以学习为中心的教学创造以两个课题为中心来展开：一是"从勉强到学习的转型"；另一个课题是教室中"倾听关系"的形成。

日本的学校教育长期以来一直受到"勉强"文化的支配，"勉强"一词本来没有"学习"的意思，顺便说一句，中文中的"勉强"没有学习的意味。在中文词典中查找"勉强"一词，只有"硬要"、"根本做不到"两种解释，一直到明治中期的日语中，"勉强"一词与中文的"勉强"同义，有商人"勉强"的用法。用"勉强"来形容学校的学习，一定是因为学校教育多数存在强迫，最初是为了讽刺学校的学习而使用的，不知从何时起，由"无理"变成了"道理"，而"勉强"也就顺理成章地变成了"学习"。

那么，"勉强"与"学习"的区别到底在哪里呢？在某市民大学的讲座中，我让全体听众写出"勉强"与"学习"的差异，最初的答案很平庸。"勉强是强迫去做的"，而"学习是主体性的"等回答。这些回答同时也表现出一直以来学校教育的病理和战后"主体性"神话的病理。然后，我又发了一页纸，要求回答另一种区别，他们陆续给出了一

些意味深远的答案。例如,有回答说"勉强意味着不断地结束","学习总是在准备开始"。原来如此,学校中的"勉强"总是让人联想起"完成得很好"这样的结束语。与之相对,"学习"是"准备开始","学习"没有终点。一次学习会引出下面的问题,为了解决这一问题再次引发新的问题。通过学习开启了未知的世界,越学习就越广博,无穷无尽。再如,回答"勉强是一级一级上台阶式的直线的、单向组织的。"可以说,"勉强"是通过"制度化的时间"来组织的,而"学习"是"身体性的时间"来组织的,在未知的经验与已知的经验循环之间,在过去的经验与现在的经验之间循环。"勉强"是以程序性(program)的时间来组织的,而学习是以项目化(project)的时间来进行的。

"勉强"与"学习"的根本区别在于"勉强"无需与任何人相遇,无需任何对话的,而"学习"是相遇与对话的经验。如果这样的话,从"勉强"到"学习"的转换应该开展三方面的课题。

第一个课题是以实现物、道具和人为媒介的学习。"勉强"的特征之一是"座学",是脑的神经突触的闭合。使用黑板和粉笔,教师传递、解释教科书的内容。学生边听解释边记笔记,忙于练习和背诵。这种"勉强"为中心的教室风景,现在只能在地球的个别地方才能看到。多数国家的学校中,黑板和教科书只起辅助作用。教室由一些桌椅构成,以课题为中心活用多样的资料,在教师的帮助下进行合作探究、共同表达的学习,这种样式已经成为主导样式。在这种新式教室中,学习活动已经不是"座学",而是以具体的事物、道具为媒介,通过观察、实验、调查、讨论来进行。学习处于中心位置。从"勉强"到"学习"的转换所追求的是从无媒介的脑突触的活动向以物、道具为媒介的学习活动的转换。

第二个课题是个人的"勉强"向合作的"学习"的转换。"勉强"是个人的活动,是以个人主义的竞争为原则的活动。这种传统深刻影响着我们的学习观。日本现在仍要求"自己解决"、"自己学习",否定借助他人之力进行学习,认为不假他人之力独立解决问题才是好的学习。但是,这种个人主义的"勉强"文化必须向合作主义的"学习"文化转变,必须超越人们多样的异质意见,展望合作的社会,不吝惜自己的观点与他人共分享,积极接受他人的观点,追求"合作的学习"。

第三个课题,从旨在获得和掌握知识、技能的"勉强"走向表达共享知识技能的"学习"。在"勉强"的文化中,将知识和技能看作是获得和积累的东西,认为只要积累起来总有一天会派上用场。巴西的教育学者保罗·弗莱雷将这种教育观比作"储蓄",被压迫的下层阶级的儿童如同在银行储蓄积累知识和技能,为后半生做储蓄,这种学习观处于支配状态。正如弗莱雷所阐释的那样，那种把知识、技能的获得和积累"储蓄"的学习观在下层阶级中处于主导地位支配着学习成绩较差的学生们。弗莱雷主张要从"储蓄概念"的"勉强"向"对话式"学习转变。从获得、掌握的"勉强"向表达、共享的"学习"转变。

广见小学的佐藤校长与研修主任一起，共同提倡从"勉强"到"学习"的转换，实施以上三个课题，从而使所有的教室都展开"活动的、协同的、反省的学习"。所谓"活动的、协同的、反省的学习"意味着教学中与教材的事物对话"活动"，实现教室中每个人的互动以及小组的"协同"，表达自己的思考并与同伴共享的活动的"反思"。应在所有的教室推行包含操作的、小组活动的、充分表达的教学组织方式。

只有实现"活动的、协同的、反省的学习"，才能专心致力于综合学习。虽然"活动的、协同的、反思的学习"不仅仅是综合学习，而是所有学科学习中要实现的目标。但是，综合学习的创造将成为这项改革的突破口。正如上文"下水道"的实践所揭示的那样，综合学习是通过调查地区的事物或事件，实现教室中同伴的互助、表达并分享自己的认识来展开的。通过综合学习的实践创造来实现"活动的、协同的、反省的学习"。这种学习将逐步扩大到其他学科的改革中。

为了实现"活动的、协同的、反思的学习"，就要在教室中建立"互相倾听"的关系。一般的学校为了提高孩子的表达力和表现力，往往会以"言说"的教育为中心。但是在"对话"教育中"倾听"比"言说"重要得多。无论提出的意见多么活跃，如果不以"倾听"为中心，就不可能改变每个人的认识，就不能让交流更加丰富。与其说学习是一种能动性行为，不如说是扎根于被动性的行为，具有"被动的能动性"的性格。

建立"互相倾听"的关系最重要的一步是教师自身要以倾听者的身份立于讲坛。在广见小学，所有教师的教学都用录像带记录，并就这些录像展开研讨。教师以怎样倾听和回应每位学生的心声和低语为焦点开展不断的研修，并逐渐发展为通过教师的倾听行为来探讨如何形成相互倾听的关系。

为了推进教学改革，在所有的教室中实现互相学习的关系，就要在学校的教师集体中建立专家型的、共同成长的"同僚性"。而后，为了构建"同僚性"，所有教师的教学互相公开，坦诚地互评，从而提高作为教育家的专业性。广见小学为了建立"同僚性"，所有的教师每年至少一次向所有的教师来公开自己的教学，并用录像带记录展开研讨。虽然所有的学校的校内研修都是以教学研究的形式来组织的，但通常每年不超过三次教学研究，而且多数学校的教学研究都是以青年教师公开教学、老教师各自提出意见的方式来进行。这样的校内研修所进行的学校改革案例是不存在的。如果不能让所有的教师教学公开、构筑互相砥砺的关系,学校的改革就无法实现。但是,广见小学是大型学校,所有教师的公开教学的研修实施起来并非易事。该校首先每年准备全校校内研修,每月准备年级的教学研究机会,保障所有的教师每年互相公开教学一次以上。

对构建"同僚性"来说,重要的是互相尊重每位教师的教育观,尊重教学方式的多样性。至今为止,教学研究都是以教学中的发问技术、指导方法的好坏作为讨论对象,这样意见强硬的人往往占上风,从而无视每个人教学的个性和多样性。在广见小学,教学公开是根据教师的烦恼、意愿或教师自己设定的课题来讨论教学的,不是评价教学的好与坏,而是根据教室中的事件,以"困难"和"有趣"为中心来讨论和研修。这样,一直对教学公开持消极态度的教师加入进来,建立所有教师的教学公开,互相研讨的"同僚性"成为可能。

通过长期的案例研究,教师之间对教学逐渐形成共识。佐藤校长所提倡的实现"活动的、合作的、反思的学习"和形成"互相倾听"关系也通过案例研究的累积具体地渗透到教师的实践中去。

这样,广见小学的教师们开始专注于创建"学习共同体"的另一个课题——学习参与(家长参与教学),综合学习也为这个课题的实施提供了可能的领域。之前介绍的四年级学生对"下水道"的学习,每个小组的多数家长都参与进来,共同进行调查下水井绘制校区下水道地图。本次"下水道"的学习成为学生、教师、家长共同探究的课题,是具体了解本地区历史和课题的重要课题。虽然家长作为教师的助手来承担参与、辅助儿童的学习的责任,但是家长作为学习者发展了他们对地区的认识,这一点也很重要。家长参与综合学习的实践,也意味着学校即将肩负未来地区的文化和教学中心的重要使命。

四、教育改革示范校的准备:广见小学第三年的课题

广见小学以创建"学习共同体"为目标的努力迎来了第三个年头。

第一年、第二年旨在追求"活动的、合作的、反省的学习"为中心的教学质量的提升,通过教学的案例研究来构建教师之间的"同僚性",通过促进家长的"学习参与"来建立教师与家长之间的信任与连带关系。在此基础上,佐藤校长设定了第三年的新

课题。

一是形成课程。在形成课程的过程中面临两个问题。其一是按照"学习的轨迹"而不是"计划"来组织课程。一般,虽然课程被看成是学年或学期初所指定的"指导计划",但有必要将其看作学年或学期末所归纳的"学习的轨迹"。只有这样课程才能成为下学年基础。一学期或者一年间的"学习轨迹"就是课程。

经过两年的综合学习的锤炼,几乎所有的教师都一致认为应该重新认识课程。四年级对"下水道"的综合学习,4月开始实施,其后的展开也不是准备好了的。一次学习活动唤起了下一次的学习活动,不断地发现课题,最后发展为与地区的历史与未来的规划相联系的学习活动。这种展开的课程不是计划的,而是学习活动的经验所创造的结果。这种课程的思考方式不能仅仅停留在综合学习上,而应该向学科的学习扩展。

形成课程的另一个课题是:要由之前的以"目标—达成—评价"为单位重构为"主题—探究—表现"为单位的单元组织形式。以"目标—达成—评价"为单位的单元组织形式重视旧有的效率性,虽然对于"勉强"来说是有效的,但对于"活动的、合作的、反思的学习"为中心的教学来说谈不上有效。从"勉强"到"学习"的转换,要求与之相适应的课程与单元形式。

从赤渊老师的课例可以看出,广见小学的多数教师在教学的展开方面下了功夫,以"主题—探究—表现"作为单元形式,不断重构课程。而且,在每个年级组织的综合学习中,没有采用"目标—达成—评价"的单元形式,"主题—探究—表现"的单元自然形成。但是以大量知识网络组织的学科中,"目标—达成—评价"的单元学习还处于支配地位,这些单元完全转化为"主题—探究—表现"的单元是不可能的。这里,同样通过不断的努力挑战,逐渐实现教室中"活动的、合作的、反省的学习",从而使每一个单元主题都变为"主题—探究—表现"的形式,这种渐进式的推进是必要的。这个课题的达成至少需要十年时间。

广见小学第三年的课题,除了课程形成之外,还要创建"创造学习"的地区示范校。目前已经有很多其他学校的校长和教师以参观者的身份来参加该校的校内研修,该校的改革已经逐渐对附近学校的改革起到了示范作用。佐藤校长将第三年的重点放在召开自主的公开研究会,期望将该校建成在职教育的示范校、学校改革的领航学校。

学校的改革并非是一所学校独立达成的。广见小学的改革,也并非是独立着手实施的。佐藤校长和研修部的教师们参考的是神奈川茅崎市的领航学校滨之乡小学的实践。他们参观调查了创建了"学习共同体"的滨之乡小学的校内研修方式和学习参与的实践，从而确定了广见小学自己的学校改革愿景，并努力实践这一愿景。对学校的改革而言，改革的设计与支撑实践的改革网络是必要条件。

正如滨之乡小学成为茅崎市的领航学校一样，期待广见小学也能发挥富士市学校改革领航学校的作用。但是，从建校之初，这所学校的条件就与茅崎市承担领航学校使命的滨之乡小学有着根本的区别。即便如此，广见小学还是成为附近学校改革的中心，在不久的将来，很有可能成为富士市学校改革的领航学校。随着教育行政的地方分权化的推进，市町村教育委员会的改革愿景、每一个学校改革的愿景将受到重视。广见小学的挑战将成为富士市学校改革的一种模式，事实上几位校长已经以该校为参照着手进行改革，这说明该校正逐渐成为推进附近学校独立改革的中心。

向附近学校的教师公开广见小学的实践，这对于广见小学的教师们来说是非常有益的经验。创造性的实践通过对外公开，接受外部的批评，这种创造性可以得到持续发展。无论多么优秀的实践展开，如果学校内部闭关自守，创造性的挑战就无法持续下去。第三年如约举行的自主公开研究会是广见小学的第一步，这为广见小学成为附近学校改革网络的示范，为该校与内部改革示范校相适应的教学和课程创造奠定了基础。

参考文献

佐藤学：《课程的批判——走向公共性的再建构》，世织书房，1995.

佐藤学：《学习的快乐——走向对话》，世织书房，1999.

佐藤学：《教育改革的设计》，岩波书店，1999.

后记　继续课堂之旅

我的教室之旅已经持续了 23 年,迄今为止,访问的国内外的学校已有 1500 多所,听课超过 10000 节,没有一次失望的记忆。教室中的每个事件都如同一个小宇宙,充满着教师和儿童丰富的故事。被这些风景和事件所吸引,我的教室之旅会一直持续下去。

谈到学校改革,总能听到高谈阔论,但却都是骗人的。媒体、政界、教育评论家们对于学校改革的议论、政策是否出于对教育真正的关心?正相反,对"大规模改革"的高谈阔论、过剩的言论的背后却是对教育实施的漠不关心以及教育的虚无主义和犬儒主义的蔓延。

这些大谈学校改革和制定政策的人们是否去过一次学校、是否曾经仔细观察过课堂并从教师的工作和儿童的活动中学习过。如果对儿童的未来和教育的未来寄予希望的话,就不会允许那些学校和教师之外的裁断、评论和批判,就不会允许这些不负责任的言论。必须直面教师和儿童,具体了解他们的苦闷、协助学校每天的教育活动的开展。如果不能从这点出发,无论怎样的改革论断和政策都不可能取得任何成果。

追求"大规模改革"的论断和政策,有意、无意地轻视教师中的"小事",漠不关心的风气正在蔓延。而且不仅一般人如此,不知从何时起,这种不关心教室中"小事"的风气在教师中渗透,从内部腐蚀着学校。但是教育改革不正是由"小事"积累起来的吗?"小事"不正是改革成果的具体体现吗?"害怕数学连书都不翻的芳树,今天在敏子和秀树的合作学习中虽然偶有失误,但毕竟开始做练习题了","对朋友的失败不肯伸出援手的腾次,在他所喜欢的理科教学中对朋友的思考发出了'好棒'的感叹声","总是闭着嘴,躲开他人视线的良子,今天穿着绣着小花的裤子来上学了"。这里的每一件"小事"都支持和促进着每一位儿童学习,对教师来说比"大规模"改革重要得多。

　　本书潜心于日常实践的"小事",这些"小事"是努力工作的教师们所赐予的信息。本书提及的教师,除了美国学校改革者狄波拉·玛雅和意大利的莱加·艾米丽以外,都不是有名的教师,也不是最好的实践工作者,而是我帮助过的国内外的学校中普通的教师,所介绍的课例只不过是最近几年观察的 1000 个教室的日常风景的一部分。但是,任何教师都在努力维护着每个学生的尊严,在构建教室中互相学习的关系,在挑战高质量的教学。我从这些教师的工作和教室中的"小事"中获得了学习的机会,我确信这些教师与教室中的儿童正是开拓教育未来的"教育改革者"。

　　本书以 2001 年 4 月至 2003 年连载于《综合教育技术》(小学馆)的《学习的设计——教室的风景》为中心编辑而成的,本书中题为"学习的触发与援助"的最末章收录在谷川彰英、无藤隆、门肋厚司编著的《走向学习的新地平线》(东京书籍 2000 年 3 月)中。感谢《综合教育技术》所提供的连载的机会,向为本书的编辑付出努力的《综合教育技术》的编辑组长米村明彦先生表示感谢,特别是在连载的 8 个月中,我曾赴哈佛大学和纽约大学讲学,为此,米村先生付出了更多的辛劳,而且本书与之前的《改变课堂,改革学校》(2000 年)、《学校的创造——茅崎市滨之乡小学的诞生与实践》(大濑敏昭共编,2000 年)一样,有幸得绢谷幸二先生(东京艺术大学教授)的浓墨重彩的绘画装饰封面,在此一并表示感谢。

　　如本书开头所说,现在教室中正在进行宁静的革命,谨以本书向代表教育未来的教师、儿童和市民们致敬。

附 录

学校再生的哲学
——学习共同体与活动系统

佐藤学 著 钟启泉 译

学校改革的草根运动正在席卷日本全土。这种静悄悄的革命是如何生成的？提示了怎样的学校未来的形象呢？作为"学习共同体"的学校创建，在课堂教学的实践中实现着活动性、合作性、反思性的学习；在教职员室里孕育着作为反思性实践家的教师的同僚性；实现着社区的家长与市民参与的合作性学习。其基础就是立足于"倾听他者声音"的对话性沟通的创造。本文阐述了"学习共同体"的改革哲学是基于怎样的教育发展背景产生的，这种实践又将导致怎样的学校改革愿景。

一、别样的风景

学校危机的呼声甚嚣尘上。在接二连三地断然实施自上而下的集权式改革中还存在着不为教师之外的人们所知的一道风景。截至 2008 年 3 月，挑战揭橥"学习共同体"的学校改革的中小学，小学约有 2000 所，初中约有 1000 所，占到了日本公立中小学的十分之一。

这一道风景同安部首相的顾问机构"教育再生会议"以及文部科学省的中央教育审议会通过发动大众媒体而渲染的"公立学校危机"、"学生学力低下"、"教师指导力低下"的公立学校面貌是迥然不同的。这一风景展示着在远离教育再生会议、中央教育审议会以及大众媒体的地方公立学校所进行的革命性变革。在本文中，笔者作为准备并组织这种"静悄悄的革命"、"永远的革命"的教育学者，将介绍揭橥"学习共同体"

的学校再生的哲学。尽管在创建"学习共同体"的学校改革中,改革的愿景与哲学是先行于实践的,然而其理论的阐述却落后于实践的推进。

比如,为什么有众多的中小学如此积极地参与揭橥"学习共同体"的学校改革呢?为什么揭橥"学习共同体"的学校改革会激发如此众多的中小学教师的挑战呢?为什么揭橥"学习共同体"的学校改革会实现堪称"奇迹"的成功呢?即便是作为提示了改革的愿景与哲学、设计了实践方略,并在日本各地的学校推进了这一改革的研究者本人,也还没有对这些核心的现象提出一个有说服力的解答。不过,在学校改革的摸索与探究过程中却有着无数的发现、收获和教训。本书旨在梳理这些经验教训,尽可能用理论的而非实践的语言来叙述这一改革的哲学,并剖析支撑改革的深层内容。创建"学习共同体"的学校改革在日本是罕见的,具有由哲学、思想与理论来引导学校改革的显著特征。

二、学习共同体

"学习共同体"(learning community)的学校设计,源自于约翰·杜威(John Dewey)在 1896 年创立的芝加哥大学附属实验学校(laboratory school)。1910 年以后通过新教育运动中在世界各国普及[1],战后的 70 年代也在美国的开放学校的"革新主义"(progressivism)的教育改革中得到传承,如今则被描述为 21 世纪的学校愿景之一。

在日本的教育研究与学校改革中,"学习共同体"的概念最早出现在 1992 年的拙作《作为对话性实践的学习:学习共同体的寻求》以及笔者参与协助的新泻县小千谷市小千谷小学的改革案例(1955—1999 年)之中[2]。小千谷小学充满挑战的改革理念,伴随小千谷小学平泽宪一校长的工作调动而带到了长冈市立南初中。随后,1998年茅崎市教育委员会通过参访上述两校,启动了"学习共同体"领航学校的建设。

创建"学习共同体"的学校改革在日本各地得以推广,其出发点就是茅崎市教育委员会创建的"21 世纪领航学校——滨之乡小学"(1998 年)。创建这所学校的中心人物是茅崎市教育委员会学校教育课程指导科长大濑敏昭。大濑全面地采纳了我倡导的"学习共同体"的愿景、哲学与方略,编制了《茅市教育规划》(茅崎市学校改革十年规划),并在市议会获得通过,在得到了市长、教育长、市议会的支持后,大濑作为"领航学校—滨之乡小学"的第一任校长开始了学校改革的挑战[3]。

滨之乡小学的创设是一件历史性的事件。迄今为止,日本还没有创建拥有独自的

改革理念,并揭橥教育愿景的公立学校。在滨之乡小学"学习共同体"的学校理念与哲学被具体化为如下内容:

(一) 作为学习共同体的学校

"学习共同体"是彰显"21 世纪型学校"愿景的概念。这一概念是为学校再生为如下场所而设计的:亦即使学校成为儿童合作学习的场所;教师作为专家相互学习的场所;家长与市民参与学校教育并相互学习的场所。

为实现这种愿景采取了一系列的举措:在课堂里实现"合作学习";在教职员室里构筑教师合作、富于创意地一起挑战、评议、学习的"同僚性"(collegiality)[4];家长与市民致力于参与教学实践并协助教师的"学习参与"活动。

(二) 公共性、民主主义、卓越性

作为"学习共同体"的学校是受三个哲学原理——公共性(public philosophy)、民主主义(democracy)、卓越性(excellence)——引导的。

1. 公共性——学校是基于"公共使命"(public mission)与公共责任组织起来的场所,教师是承担这种公共使命与责任的专家。学校的公共使命与肩负这项使命的教师的责任在于:实现每一个儿童的学习权,实现民主主义的社会。

学校"公共性"的第二个含义则是,学校是作为"公共空间"(public space)而开放。"公共性"是一种空间概念,学校和课堂的空间是一种对内对外开放的、多样的生活方式与思考方式借助对话性的沟通得以交流的场所[5]。

2. 民主主义——学校教育的目的在于民主主义社会的建设,因此学校自身必须成为民主性的社会组织。"民主主义"并非只是政治的程序。在这里所说的"民主主义",意味着约翰·杜威所界定的"与他者共生的方略"。

在以民主主义的原理组织起来的学校中,每一个儿童、教师与家长都是承担着各自固有的功能与责任、参与学校运营的"主人公"(protagonist)。

3. 卓越性——无论教的活动、学的活动都必须寻求卓越性。这里所说的"卓越性"并不是指比与他人相比更杰出,而是指创造自己的最优、寻求最高境界意义上的卓越性。基于竞争的卓越性寻求,带来的是优越感与劣等感。与此相反,创造自己的最优、寻求最高境界的卓越性,带来的是教授者与学习者的审慎与谦恭。从本质上说,教的活动与学的活动就是在寻求这个意义上的卓越性才得以形成的。我把这种卓越性

的寻求表述为"冲刺与挑战性的学习"。

（三）活动系统

学习共同体的方略就是活动系统的构成。我倡导的"学习共同体"是以倾听他者声音的相互倾听关系为基础而形成的。"倾听他者的声音"是学习的出发点。"学习"常常容易被描述为能动的活动，但毋宁说，学习是以"被能动性"为其本质特征的。据说在古希腊语中有一个被动态与能动态融为一体的"中道"的动词态，学习正是这种"中道"的活动。

教的活动也是同样。以杰出教师著称的黛博拉·梅尔（Deborah Meier）在其1996年著作中写道："教的活动大半存在于倾听之中。"确实，杰出教师无不在课堂里把精力倾注到由每一个儿童的声音相互关联而形成的整体声音的倾听之中。

在把学校构筑为公共空间的过程中，"倾听"的优先性也非常重要。约翰·杜威在其《公众和公众的问题》（1927年）的最后部分，提及了作为树立公共性的必要条件的听觉的优先性时，做了如下的论述：

"听觉与生动活跃的思考与行动的联结，比之视觉与生动活跃的思考与行动的联结要紧密而多彩。观看的时候是旁观者，而倾听的时候却是参与者。"

这一段文字中的"倾听"的被动性所带来的"参与"关系被充分地表达出来了。正如杜威所指出的：一个人通过"观看"，能够沉浸于"思辨"之中；但通过"倾听"，却一定会作为当事者"参与"其中。

倾听关系在共同体的建构之中具有决定性的意义。这是因为相互倾听的关系可以生成对话性语言，并通过对话性沟通为构筑共同体作准备。

我所倡导的作为"学习共同体"的学校是借助完整的"活动系统"来组织的。倘若实施了这种"活动系统"的一系列活动，那么，就会在不知不觉之中自然而然地体悟并实践"公共哲学"、"民主主义"与"卓越性的寻求"。从某种意义上说，这是创建"学习共同体"的操作系统。

课堂中的"活动系统"，就是组织儿童的活动性、合作性、反思性的学习。在所有的教室里组织"倾听关系"，在小学三年级以上的教室里，所有的课堂教学都按照如下的要求加以组织：（1）组织男女生混合的4人小组，展开合作性学习；（2）构筑互学的关系，而不是互教的关系；（3）组织挑战性的学习。

课堂教学基于教师应答儿童学习的关系来加以组织：（1）贯穿倾听、串联、反刍三种活动;(2)放低声音的调门,精选课堂话语;(3)基于即兴式应对来追求创造性的教学。

在课堂里实现每一个儿童的"学习权"的责任,不是班级和科任教师能够独立承担的,而是课堂里的每一个儿童、每一个年级的教师集体以及校长和监护者共同承担的。

在学校运营过程中,除每月一次的例行教职员会议和每周一次的年级会议以外,取消所有一切其他的会议,把基于教学观摩的课例研究会(校内研修)作为学校运营的中心。在校内研修中学校不规定共同研究的课题,研究题目由教师自行决定。而且规定:其一,所有教师每年至少上一次公开课,在校内研修或学年研修中进行课例研究;其二,在课例研究会上所有教师必须发言;其三,课例研究的主要目的不是追求优秀的教学,而在于形成每一个儿童的学习,提升每一个儿童的学习质量;其四,课例研究会的研究内容,更聚焦于课堂中发生的学习的事实、合作学习的事实,而非教材与教学方法。

关于学校同家长的关系方面规定:(1)废除每学期一次的"课堂参观",转换为家长参与并协助教师构建教学的"学习参与"活动,同时展开家长与教师共同承担教育儿童责任的活动;(2)在"学习参与"中,以每年80%以上的家长"参与"为目标;(3)在综合学习中提供社区市民与教师合作参与教学的机会。

这种创建"学习共同体"的学校改革的愿景、哲学与实践的原理、方略,以及将之具体化的活动系统,起源于以下三点。

一是,笔者本人的28年来挑战学校改革的失败与部分成功的经验。自大学入职以来至今,我每周要花两天时间参访全国各地的中小学,观摩课堂教学,同中小学教师合作展开从学校内部发起的挑战。迄今为止参访的学校包括幼儿园、小学、初中、高中、养护学校在内将近2000所,并进行了10000次以上的课例研究。我的学校改革的创意与教学观摩的方法都是从各地中小学的课堂里的儿童、教师、校长身上学到的。

二是,国内外学校改革与课堂改革的案例。日本大正自由主义教育与战后民主主义教育中有为数众多的学校改革与课堂改革的事例。我还参访、调查了大约20个国家,学习了世界各国的学校改革与课堂改革的先进事例。特别是从美国黛博拉·梅尔指导的纽约与波士顿的学校改革实践、意大利的洛里斯·马拉谷齐(Loris Malaguzzi)指导的雷吉·埃米里娅(Reggio Emelia)的幼儿教育实践中,学到了许多经验[6]。

三是,支撑改革的理论。一般认为,教育学者是立足于教育学的理论来准备并指导学校与课堂的改革的,然而,借助教育学与教育学术来展开课堂的改革与学校的改革是不可能的。虽然教育学与教育学术对于教育的改进作出了莫大的贡献是一个事实,但学校改革与课堂改革是社会改革、文化革命的一部分,需要人文社会科学的一切领域的理论知识。当然,一名研究者是不可能深谙所有这些领域的。学校改革与课堂改革唯有借助多样的学术领域的理论的整合才能提供准备和付诸实施。就我个人而言,人文社会科学的下位理论则是形成了"学习共同体"的学校改革的理论基础。杜威(J. Dewey)、詹姆士(W. James)、福柯(M. Foucault)、德鲁兹(G. Deleuze)、约翰(Craver John)、舍恩(D. Schon)、和罗库斯特(Holquist Michael)的哲学、摩丝(M. Mause)的文化人类学、曼福特(L. Mumford)的文化批评、维果茨基(L. S. Vygotskil)、布鲁纳(J. S. Bruner)的心理学、泰勒(C. Taylor)、戈德曼(L. Gutman)、藤田省三的政治哲学、诺伊曼(E. Neuman)、贝拉(R. N. Bellah)、帕特纳姆(R. D. Putnam)、伯恩斯坦(B. Bernstein)的社会哲学、库莱(P. Klee)、谷川俊泰郎的诗与哲学、三善晃的音乐与哲学、如月小川的戏剧论、诺丁斯(N. Noddings)的伦理学、施瓦布(J. J. Schwab)、弗莱雷(P. Freire)、马拉谷齐(L. Malaguzzi)、舒尔曼(L. Schulman)、玛依斯娜(S. Meisner)、恩格斯托洛姆(Y. Engestrom)、兰巴托(M. Lampert)的教育学、罗蒂(R. Rorty)、哈格里夫斯(D. H. Hargreaves)、维蒂(G. Whitty)的教育社会学,等等。

推进"学习共同体"创建的学校改革的校长与教师大多是以参访各地的领航学校、观摩课堂教学为直接的契机。他们多数是我的著作的读者,通过电视、新闻和杂志了解"学习共同体"的学校改革的案例,不过,他们并不仅凭这些就着手进行改革。领航学校的存在与实践的事实比什么都更具影响力。每个月都有数百名的教师参访茅崎市滨之乡小学、富士市岳阳初中。每年各地的领航学校举办公开研究日之际都会有数百名至上千名的教师参观访问。在这八年间,估计参访各地创建"学习共同体"的领航学校的教师多达数十万人。

三、共求的愿景

那么,领航学校的哪些事实在吸引教师去挑战改革呢?是领航学校创造了堪称"奇迹"的累累硕果吗?确实,推进"学习共同体"创建的学校取得了堪称"奇迹"的成果。在引进"滨之乡模式"、"岳阳模式"、创建"学习共同体"的学校里,即便再荒芜的学校经过一年左右之后都会旧貌换新颜:师生之间的纠纷与同学之间的暴力行为销声匿迹;每一个学生都处于积极地参与学习的状态。在改革开始的两年之后,辍学的学生数(一年中30天以上缺席者)减少到改革之前的三分之一至十分之一(最少的学校会降为零)。学力的提升也是同样。推进"学习共同体"创建的绝大部分学校里,一年之后成绩低下的学生的学力大幅度提升,两年之后成绩上位者的学力也得到提升,从而转型为当地首位或是一流的学校。为什么会出现这一连串的"奇迹"的呢? 这里面的秘密,即便是亲自设计了改革的愿景、哲学、方略的我自身也没有充分地认识到。

一个有趣的插曲,就在富士市岳阳初中创建"学习共同体"的改革记录出书之后的不久,来自全国各地的数千名教师参访该校,然而,以学习改革举措为目的的参访教师却是凤毛麟角。几乎所有教师参访的主要目的是"去亲眼看看这本书里写的内容是否真实"。谁会相信这种改革是真实的呢? ——然而,多年来全县闻名的一所"薄弱初中",仅仅几年功夫,学生的问题行为绝迹了,辍学生从36名减少到4名,从市内最低学力水准上升到市内最高水准。因此,众多的参访者带着验证该书的内容的真实性为目的蜂拥而至乃是理所当然的。

不过,更重要的是,领航学校硕果累累的"奇迹",并非导致创建"学习共同体"学校改革的爆炸性普及的原因所在。领航学校的参访者们异口同声言说的是儿童们谦恭地合作学习的面貌和教师出色的精神状态,是对于领航学校实现的学校改革愿景的期待。

令参访者感到惊异的是创建"学习共同体"的学校是静悄悄的,无论是儿童或是教师,实现着温文尔雅、心心相印的应答性关系。以相互倾听他者声音的关系为基础的应答性关心的关系与合作学习的实践构成了学校生活的全部。日本中小学里普遍存在的吵闹、高分贝的声音以及过度的压力感和莫名的焦躁感在"学习共同体"领航学校里已经灰飞烟灭了。虽说课堂是静悄悄,但"学习"决非死气沉沉。恰恰相反,无论儿童还是教师,对于学习是令人惊异地真挚。课堂里每一个儿童的发言和低声细语都会被认真倾听;他人的思考与情感的微小的变化都会被敏锐地感知。人的学习就是这样,越学越谦卑,越学越深沉,越学越知性,越学越安宁。"学习共同体"的公共空间是倾听他者声音的"倾听教育学"的空间;是每一个人的思考与情感的细微差异得以相互回响的低声细语的"交响空间"[7]。

对于参访"学习共同体"的领航学校的教师们最为震撼的事件,与其说是实现了"奇迹"的学校改革的成果,不如说是学校的宁静;是温文尔雅、心心相印的对话性沟通;是每一个儿童参与课堂学习、展开合作学习的面貌;是每一个教师开放自己的教室、跟同事一起从儿童学习的事实出发展开合作研究的姿态。这样的学校所创造的业绩及其改革的事实意味着什么呢？教师们希冀的是学校改革的与愿景，是实现这一愿景的改革的希望。一般而言，在学校改革中往往会说起"人员不足"、"时间不足"、"资金不足"、"资源不足"等等的问题，然而，当今的学校改革最为欠缺的是教师们能够寄托改革希望的愿景。可以说，"学习共同体"的学校改革通过改革的事实表明了希望的愿景，因而才获得了教师、儿童、家长的压倒性的支持。

四、改革的宏观政治学：对学校外部的应对

"学习共同体"的学校改革的第一所领航学校——滨之乡小学的所在地茅崎市，与特许学校（用公费设立的私立学校）运动的全国性据点——藤泽市相毗邻。该校不仅是"21世纪的学校理念——学习共同体"的领航学校，而且承担着作为"维护公立学校、拓展公立学校发展可能性"的领航学校的作用。"领航学校"的称谓源自于当初旨在抗衡"特许学校"（Charter School）的普及，应教师工会与教育委员会的要求，以黛博拉·梅尔为中心在波士顿市设立公立学校改革的试点学校——"领航学校"。"学习共同体"的学校改革正是在"领航学校"的创立思想的基础上建立的。顾名思义，"学习共同体"学校改革正是作为抗衡基于市场原理管理学校，抗衡公立学校私有化、民营化的新自由主义意识形态与政策而展开的。

实际上，日本的经济同友会曾在1995年提出"21世纪的学校形象"，倡导根据家长的"自由选择"，将学校功能的三分之二移交给民间教育产业与社区设立的福利性教育设施，通过将公立学校功能削减到原来的三分之一，以实现"公共教育精简化"。继而在1999年，小渊首相的顾问机构——"21世纪日本的构想"委员会第五部会提议实现"公共教育精简化"：把公共教育"一分为二"——"旨在国家的教育"与"旨在个人的教育"，把公共教育限定为"旨在国家的教育"。而后，小泉首相设置的经济财政咨询会议又倡导一系列举措：废除义务教育费国库负担制度（即放弃国家对公共教育的责任）、择校制度全国化、导入特许学校制度、大量削减公立学校教师的编制与工资，进而安部首相断然推行教育基本法的修订，通过"教育再生会议"着手推进了首相直接规制学校的改革。

新自由主义的意识形态与政策，通过大众媒体，利用"学力低下"与"欺辱问题"，借助"被炒作的危机"（manufactured crisis）[8]，酿成大众集团歇斯底里地、反复批判学

校与攻击教师,教师成了替罪羊。而且,基于新自由主义的市场原理主义,导致了教育公共性的解体,把教师的工作引向"非专业化"。

在新自由主义的意识形态与政策中最深刻的问题之一是把教师的工作从"责任"转型为"服务"。在新自由主义的意识形态与政策中,教师与家长的关系被转型为服务的提供者与服务的接受者的关系。其结果是教师的工作成为无休止献身的工作,从而加剧了徒劳感。另一方面,又加剧了家长对于教师服务的不满。如今,推进教师的创造性实践的最大障壁就是家长对教师的不信、不满与批判。

然而,教师与家长的关系是服务的提供者与服务的享受者的关系吗? 其实不然。教育不是"服务",而是成人对儿童的责任。教师与家长的关系必须借助对儿童的教育责任的关系确立起来。在以儿童为中心的教育之中,由于教师与家长没有共同承担教育的责任,教师与家长之间的信赖与亲和关系就无法形成。

由于教育从"责任"转型为"服务",教师的尊严与教职的专业性处于危机之中。教师的工作被视为"谁都可以胜任的工作"(easy work),对教师的信赖与尊崇也土崩瓦解了,严重的问题还在于教师的尊严受到了重创。由于对"学力低下"、"欺辱问题"危机的过分渲染,或是由于电视节目对极其少数教师的非理性言行的夸大报道,教师们被送进百货公司进行旨在训练"待人接物的方式"的研修,或是被送进预备学校和私塾进行旨在"提升教学技能"的研修。

新自由主义的意识形态与政策,把教师的"责任"概念也从"应答责任"(responsibility)转型为"说明责任"(accountability)。"责任"原本是要求依据纳税的金额提供服务的概念。顾名思义,是一种要求与所付账目金额相等的"算账"的概念。基于这种"责任"与竞争原理的规制,导致学校的行政与经营中"基于数值目标的经营与评价"的蔓延。在被评价的组织处于崩溃状态之时,"基于数值目标的经营与评价"是有效的,但当被评价的组织处于健全发挥作用的情况下,只会起到劣化组织的作用。另外,当被评价的组织的目标比较单纯、单一的时候,"基于数值目标的经营与评价"才会带来积极的效果,但在被评价的组织的目标多元的、复杂的情况下,只会带来消极的结果。然而,教育的"责任"由于从"应答责任"转型为"说明责任",几乎所有的都道府县教育委员会和市町村教育委员会都把"基于数值目标的评价"导入所有的中小学。其结果是教师的工作被限定于单纯地看待"提高升学率"的问题上——"提升学力"、解决"欺辱问题"和"辍学问题",而且为了制定达成证明与评价的资料却耗费了巨大的劳力。

这样,今日的教师,一方面是忙碌于为家长与纳税人的服务与这种服务的"说明责任",另一方面是疲于应付地方教育委员会要求的"数值目标"及其官僚型评价,这两种要求使得教师处于崩溃的状态。在这两种评价主体的关系中所缺欠的是对每一个儿童的"应答责任",及对每一个教师的作为"专家"(professional)的评价。

五、改革的微观政治学:超越学校内部的壁垒

让我们把视线转向学校的内部。学校改革的过程可以用内与外的辩证法来认识。学校改革只能从内部发生,学校改革倘若没有外部的支援就不可能持续。反观现今数量庞大的学校改革政策,内与外的辩证法显然在发生逆转:一方面是政策决定者们打着"教师的意识改革"的旗号,力图从外部强行变革学校;相反,另一方面即便显示出从学校内部发生变革的动向,却得不到来自外部的支援。这样,学校现场处于混乱和凋敝的状态是理所当然的。

一般而言,人们往往容易过分简单化地思考学校的改革。学校是顽固的、顽劣的组织,改革决不可能是轻而易举的。例如,无论哪一个都道府县和市町村都设置了旨在促进、扶助学校改革的"研究指定校制度",大量的学校作为指定研究校倾注了巨大的劳力,但在接受"研究指定"之后的2—3年一旦结束后、"研究发表"告终之后,持续这种研究的学校还存在吗?无论哪一所学校,"研究指定校"的期限一旦终结,一切的活动也告终结了。在十年之后被任命为"研究指定校"之前,什么事情也不做。耗费了大量的劳力编制的《研究手册》,也不会有任何的读者。由此可见,学校改革既不是一项简单的事业,进行学校改革也决不等同于改进教育质量、提升教师的道德水准,事实上,多半是适得其反的。这就是现实。

我自己28年来一直在协助近2000所中小学的改革。坦率地说,刚开始的十多年是连连失败的。当然,那期间通过某些改革实现了部分的改善,各个改革环节也都获得了相应的成果。然而,那些改革终究是一时的,而且只能是局部的。学校改革不是以几年为单位就能达致的轻松的事业,也不是通过局部的改革或依靠一部分人的参与就能奏效的事业。学校改革至少是需要以十年为单位精雕细琢地实施的"永远的革命",它不是局部的改革而必须是整体的结构性改革。短期的急剧改革和局部改良,其副作用与反作用所带来的消极性后果的危险是极大的。

从学校内部开始由内而外进行变革时最重要的一点是对学校内侧的宏观政治学

有一个全面的认识。例如,在小学里阻碍学校从内部发生变革的最大障壁是教师之间的壁垒。斯坦福大学教育史研究家戴维·泰亚克(David Tyack)把美国的小学称之为"教育的后宫"(pedagogical harem)——男性教师担任校长职务,每个教室成为密室般的封闭空间,在这些密室里居住着女性教师,每个女性教师只同校长联络因而她们之间的关系毫不融洽。这个出色的比喻表明,小学的改革倘若不开放课堂、不构筑教师之间的"同僚性",从学校内部由内而外地展开改革是不可能的。

另外,从事学校文化研究的英国教育社会学家(现任美国波士顿大学教授)哈格里夫斯(A. Hargreaves)把中等学校的内部结构用"巴尔干半岛诸国化"(Balkanisation)一词来表征,这个比喻也是惟妙惟肖的。事实上,初、高中的学校内部是以学科为单位来组织的,各自学科单位的教师形成各自的独立王国,按照各自独立的规则经营王国,即便再有领导力的校长施展其才华力求改革,学校内部仍然是纹丝不动,这就是现实。在这里,学科的壁垒、校务分工的壁垒、课外活动小组的壁垒,构成了从内部阻碍学校改革的权力构造。

因此,小学的改革倘若不打破课堂的壁垒、不以儿童的学习为中心构筑同僚性;初中和高中的改革,倘若不打破学科的壁垒、不以实现学生的学习为中心构筑同僚性,那么从学习内部发生变革是不可能的。

关于学校中的"沟通"的特征,也必须有更进一步清晰的认识。尽管对学校来说"对话"是无比重要的,但学校里却到处充斥着教师的独白。教职员室里教师的话语几乎是独白式的,课堂里教师的话语几乎也是独白式的。不把这种独白式转换成对话式,就不能实现对话性沟通,就不能把学校重建为共同体。

再者,尽管学校比其他地方更需要民主,然而学校却比其他地方更轻慢民主主义,更加受到非民主的关系的支配。例如,在教职员室里围绕学生的话题应当是很多的,然而通常在初中的教职员室里成为话题的学生数不过是学生总数的20%左右。除了问题行为频发的学生、成绩特优的学生、课外活动表现特别优秀的学生之外的学生很少能成为教职员室里议论的话题。一部分学生享受的服务高于家长所缴纳税金的十倍以上;另一部分学生所获得的服务不及家长所缴纳税金的十分之一。改革这种不公平的、非民主的学校就得变革学校内部的沟通结构本身——学校的每一个成员作为主人公平等地参与交流的组织。

关于校长的指导性也必须加以彻底的检讨。学校的公共使命与责任在于实现每一个儿童的学习权,其责任的中心人物是校长。可以说,实现每一个儿童的学习权是校长责任的核心。然而，觉悟到这种责任的校长却是凤毛麟角。倘若校长有了这种觉悟，就不会成天忙于校长室里的杂务和校外的会议，而是会把自己大部分的工作内容转移到课堂观摩、支援教师以及灵活组织教师的研修之上。

当然，热衷研究的学校未必就是好学校，甚至可以说热衷研究的学校多会导致这样情况：与其说是保障每一个儿童的学习权，不如说是专注于学校研究成果与教师的教学技术，只有一部分教师以及能与之同步配合的一部分儿童活跃而已。况且，在这些学校里，教师的劳动时间被忽视，教师的生活圈子仅局限于校内，教师们只在学校这个封闭的世界中生活。之所以这样的学校很多，是因为人们把教学改革看得过分简单。教师的工作是以高深教养为基础的知性的工作，是需要高度专业知识与实践智慧的复杂工作。

在"学习共同体"的学校改革中，不能认为借助教师的教学技术的改进就能实现每一个儿童的"学习权"、保障每一个儿童的"冲刺与挑战性的学习"。只要是教师和儿童未能合作展开挑战，那么，实现每一个儿童的学习权，保障每一个儿童的"冲刺与挑战性的学习"就是一句空话。另外，所有学校每年都进行三次左右的课例研究，寻求课堂改革，不过在我协助的"学习共同体"的学校改革中，我们应当认识到倘若不实施一节课的课堂观摩与二节课的课例研究，在校内的教师之间进行百次左右的教学研究，那么，课堂改革、学校改革就无法完满地实现。学校的改革就是困难重重的事业，课堂的改革也是一种复杂高深的事业。

六、再定义：反思与审视

"学习共同体"的学校改革引领如此众多的学校挑战、获得堪称"奇迹"的成果，其背景是教师对于一系列教育概念的再定义。我以学校改革为基础，倡导三种概念的再定义。其一是"学习"的再定义。"学习共同体"的"学习"被重新界定为三种对话实践——与客观世界的对话、与他者的对话、与自己的对话。学习是认知性（文化性）、人际性（社会性）、实存性（伦理性）的实践。

在"学习共同体"的学校改革中"教师"也重新作出了界定。以往教师被界定为"教的专家"，但"学习共同体"的"教师"被重新界定为，既是"教的专家"，也是"学的专家"。再者，以往教师的专业能力被界定为：基于"科学技术的合理运用"的原理在实践中的具体化而获得的科学知识与能力。但在"学习共同体"中的教师的专业能力被再定义为对自身的教学实践和同僚的教学实践进行相互反思、与同僚相互学习的"反思性实践家"(Reflective practitioner)所具备的专业能力。

学校改革的"公共性",或者说"民主主义"的概念(与其说是参与民主主义,不如说是审议民主主义的语境中界定的"民主主义"概念),也在"学习共同体"的学校改革的探究过程中不断深化。课程改革也是同样。在推进"学习共同体"的学校改革中,正在摸索着以三个基轴——"科学探索教育"、"艺术技法教育"、"市民性教育"——设计与实践学校课程的方向。我们期待这些实践在不久的将米能为开发新型的课程结构提供指引。

不过,在日本本土数以千计的学校参与的如此大规模的"学习共同体"的学校改革,越是深入推展就越要直面日本教育的严峻现实,如何形成校长的见识与领导力;如何抗衡教育政策的"非专业化";如何应对急剧恶劣的儿童危机的激化;如何抗衡教育行政的官僚统治;如何使得个别学校为单位推进的学校改革上升为宏观教育政策;如何培育支持学校内部变革的教育研究者——这个改革运动直面的这些课题,至今仍然没有找到明确有效的解决方法。关于这些课题,有待别的机会深入探讨。

【注释】

[1] "学习共同体"的历史可以追溯到古希腊的学园、中世纪的修道院和大学。"学问"(discipline)原本是意味着"学习者"(disciple)的共同体的概念。参照佐藤学《绪论:追寻学习的快乐》,载佐藤学《学习的快乐:走向对话》,钟启泉译,教育科学出版社2006年版。

[2] 关于小千谷小学创建"学习共同体"改革的历史背景及其哲学意义,参见《"学校"的装置——"班级王国"的形成与崩溃》,载栗原彬、小森阳一、佐藤学、见吉俊哉《越境之知》,东京大学出版会2000年版。

[3] 关于滨之乡小学创设的经纬及其早期的改革,参见大濑、佐藤编,小学馆2000年版、2003年版。

[4] 提示"同僚性"(collegiality)概念的是李特尔(Judith Warren Little)。她调查研究了学校改革中被视为成功要素的众多要素的功能,显示了教师作为同僚之间的专家的亲和在学校改革在的决定性作用。她提出的把教师专家的亲和置于学校改革的优先地位的提议是非常有远见卓识的。笔者把它译为"同僚性"。这个"同僚性"已成为今日日本教师的通用语。

［5］关于本稿提示的"公共性"的概念及其政治哲学，参见佐藤学《公共圈的政治学：两次大战间的杜威》，载《思想》（岩波书店）No.907：18—40。

［6］黛表拉·梅尔担任纽约市初中校长时的改革案例，以及在波士顿市为维护公立学校而担任校长之际的改革案例。参见 Deborah Meier, The power of Their Ideas, Beacon Press；佐藤学《波士顿小学的大挑战》，载佐藤学《教师的挑战》，小学馆2003 年版。

［7］真木悠介在《气流的鸣响》（筑摩书房2003 年版）中以精彩的比喻——不是"同质集体"所凝集的"珊瑚式共同体"，而是异质的每一个人相互关联的"交响式共同体"，提示了共同体的理想模式。如果说，学习是在每一个人的差异之中形成的，那么，"学习共同体"就不能不作为真木所说的"交响式共同体"来建构。

［8］亚利桑那大学教育学家大卫·柏林（David C. Berliner）曾尖锐地指出：被美国的新闻沸沸扬扬地报道的"教育危机"其实是借助媒体"被炒作的危机"。同样的事态在日本的媒体中更是甚嚣尘上。

译后记

东京大学的佐藤学教授既是一位教育理论的集大成者,又是一位亲临一万多间教室的扎扎实实的实践者。他的著作一直备受中国的读者的关注与青睐。他在日本创造了几千所学校的学习共同体的奇迹,他的著作在亚洲很多国家都有着深远的影响。中国的读者更是通过《课程与教师》(2003年),《学习的快乐——走向对话》(2004年)以及《学校的挑战——创建学习共同体》(2010年)这一系列中译本认识了这位博学而多产的教育学者。这本《教师的挑战》是佐藤学教授的又一力作,与之前的三部著作一脉相承,进一步聚焦课堂教学实践,以现场速描的方式真实再现了教师们多样的教学实践和学生们多彩的学习生活。

佐藤学教授认为教学是一种创造性的活动,其核心就是学生的学习。而学生学习的过程是一种从已知世界到未知世界的旅程。这个旅程中学生要与新的世界、新的同伴和新的自己相遇。只有促进学生学习的课堂才具有真正的教育意义。本书中一个个平凡的教师正在用自己的行动宣告:课堂上正在发生宁静的革命——建立以倾听和对话为基础的学习共同体。这不但是师生的共同愿景,也是学校整体变革的基点,是为保障每一个儿童学习权的挑战。

教学的基点是尊重和信赖每一位儿童。佐藤学教授提出:"尊重"和"信赖"可以说是一切学校改革的核心概念。学校中之所以存在各种各样的难题都是因为儿童之间、儿童与教师之间、教师与教师之间、教师与家长之间缺乏尊重和信赖造成的。对学生的尊重和信赖是相信他们的学习能力,相信他们能够进行学习的选择,他们能够克服学习中的困难,并通过自己的努力来获得学习的成功。而对每位学生的尊重和信任则体现在:教师公平地对待每一位学生,虽然他们的学习基础和经验背景大相径庭,但是他们都能通过自己的努力和同伴合作,超越原有的学习经验获得属于自己的成功。即便他或她的答案还不完美,还不完整,甚至只是只言片语,虽然他(她)还是个猜不出问题的儿童,但是他们的观点都是精彩的,他们在学习中都可以获得乐趣,这种对所有儿童的成功的期待是尊重和信赖每一位学生的最集中体现。

佐藤学教授指出:对我们这些已经习惯了契约社会的人来说,往往只有在对方达到自己的要求或者对方具有回应自己要求的能力时,才会对人尊重和信任。但是,如果本着这个原则,就难以对那些挑战"不能"的儿童产生尊重和信任。只有摘下"能"与"不能"的有色眼镜,才能看到每位儿童挑战固有学习的情景,才能看到他们无可比拟的、个性化的经验和创造。这种个性化的、学习和成长过程,就是我们发现和给予每一位儿童的尊严和信任的过程。

佐藤学教授通过自己二十多年的课堂观摩经验总结出:在教学中是否能够形成合作学习很大程度上(将近有七成)取决于能否尊重每一位学生的尊严,而教师的经验与学习的理论、教学的技能,不过占了三成的比例。因此,只有尊重和信任每一位儿童的多样性和可能性才能使他们轻松自如地参与、交流自由的思考与意向,这种自由的交流又产生出多样而丰富的串联。创造性的教师总是能够接受儿童的多样性和教材的发展性。

从互相的倾听走向和谐的交响。佐藤学教授指出:在多人组成的课堂空间中,只有互相尊重、互相信任才能产生互相倾听的关系。"倾听"一词,的本意是接收他人的语言的过程,是一种被动的动作,但是这种"被动性"恰恰形成了一种非常特别的主动性。因为"倾听"代表了对对方观点的关注、同情、同感与共鸣,而这也会在对方心中产生一种信任感和依赖感,因此倾听的关系拉近了两人的距离。而且通过倾听,一方能够在另一方观点的基础上去思考,并形成了两方面思维和经验的连锁,从而将学习和合作引向深入。因此,倾听是深入学习的必然途径。课堂上的倾听关系既包括教师与学生的互相倾听,也包括学生之间的互相倾听。而实际上,所有的教师都非常清楚这种互相倾听的关系的构筑是多么不易。

对此,佐藤学教授的看法是:在学生中培育相互倾听关系的第一个要件就是教师自身悉心倾听每一个学生的心声。除了教师自身成为出色的倾听者、培育相互倾听关系之外,别无他法。他指出,当有的教师发牢骚说"我班上的学生一点也不想倾听"时,他(她)在无意之间流露出自己不愿意倾听学生的心声。

佐藤学教授仔细观察过善于倾听的教师,他们多数会通过坐下来,俯下身等动作,降低自己的高度,在与学生平行的视线范围内来关注他们的动作和发言,在这个过程中教师把自己看作学生的一分子,以他们的身份和姿态来从旁认真地观察和倾听。善于倾听的教师在教学时从不会拖泥带水,语言冗长,相反他们的话语经过高度的提炼和雕琢,没有一句无关紧要的话,他们把自己的作用发挥到极致的同时,将更多的时间和空间留给希望表达的学生们。这些老师不但语言简练,而且音调较低,让学生们感觉到一种柔和而润泽的氛围。善于倾听的教师能够关注到每位学生的发言,完全接纳每位学生的发言,并通过合适的方式将这些发言串联起来,使学生们不但感受到自己受到了应有的关注,而且还让他们意识到:通过其他伙伴的发言,自己的回答得到了延伸。当每个人的发言都建立在其他人的思考的基础上时,课堂上的观点就如同珍珠一样被串联起来,学生们通过同伴的思考和帮助,丰富了自己的经验和知识,深化了自己的思考,这样的课堂才真正成为每一位学生的学习、成长的场所。

佐藤学教授一再强调:"倾听"正是教学中教师活动的核心。"倾听"学生的发言意味着在如下三种关系之中接纳发言。一是认识该发言是课文中的哪些话语所触发的;二是认识该发言是其他儿童的哪些发言所触发的;三是认识该发言同该儿童自身先前的发言有着怎样的关联。他认为其中最为可贵的是:这些善于倾听的创造性教师往往不会去区分学生们发言或理解的好与坏,而是不折不扣地全盘接纳。只有以"每位学生的理解和心得都是无可替代的"信念为前提,像采撷珍宝一样珍视每一个学生的发言,才能创造快乐教学的新天地。

教师对每一位学生的信任和倾听形成了润泽、融合而安全的言说环境,也在无意之中培养了学生之间的互相信赖和倾听关系。学生们不再拘泥于自己的观点,而是认真地听取、思考和反刍别人的观点,并能够平等地参与交流和探究。他们不再只是强调自己观点的正确性,而是在同伴的观点中获取营养成分,来滋养和丰富自己。佐藤学教授认为,那种固执己见不肯倾听的语言是独白式的,而认真地倾听才能真正走向对话。如果没有经过倾听阶段,即便学生的发言再怎么踊跃,他们的意识没有发生变化。最初与最后发言的内容之间很难发生质的差异。这不仅阻碍了与他者的对话,阻碍了与自己的对话,而且也阻碍了与对象世界的对话。而真正倾听的发言往往是以"听了某某同学的意见后我想到"的方式来展开的,是以他人的语言为媒介生发出来的。每个发言都是通过与他人的对话而形成的。每一个发言所发展的思考促进了自己内部对话语言的产生。其结果是,学生们思考的内容更加真实,他们获得了生动而丰富的经验,他们的认识获得了不同程度的超越。这样的课堂才能真正促进学生们的合作学习，才能真正走向学生话语的和谐交响。

"倾听就是不折不扣地接纳每一个儿童的想法，对所有儿童的发言予以信赖和期待"，"教师的作用就是借助串联、反刍来保障班级所有学生的学习质量"，"儿童之中隐藏着心心相印、关怀备至的潜在能力"，"借助心心相印的交流，在交响的课堂上形成了相互倾听关系的润泽的氛围"，这些话语至简至真令人振聋发聩。而他的解读不仅仅是文本式的，更是现场的、动态的。他用精妙的笔触把我们带到一个又一个课堂上，让我们在"教学事件"中去观察、去体会、去发现、去回味。从中可以看到一位教育学者对教师、对学生深沉而理智的关切，他看到了教师们所付出的巨大努力，并为教师们未来的教学展开了美好的愿景，不仅如此，在他对"教学事件"的关注和解读中，教师们找到了自我，也找到了前进的路。

近年来，佐藤学教授将研究的焦点转向了包括中国在内的一些亚洲国家，他的研究案例也早已突破了国家的界限。最近几年更是频繁造访上海、北京、哈尔滨、西安，江苏、浙江等地的学校，与我国的教育同仁的联系和合作不断加强。他惊叹于中国教育的发展速度，也对中国的教育问题充满关切，通过造访学校、观摩课堂、与教师和研究者交流等方式，他认识到了中国学校、教师和儿童的无限创造力，也看到了中国教育新的发展契机。他认为中国的教育改革就是要追求"公平"和"质量"，这是未来教育发展的方向，也是中国的教育研究和实践所需要关注的首要问题。

作为多年的老朋友，佐藤学教授非常关心本书的翻译和出版情况，并欣然为本书撰写了中文版序言，这本书的翻译出版将成为我们挚交情谊的又一见证。同时，华东师范大学出版社及各位编辑同志为本书的出版付出了大量的心血，在此深表谢忱。

佐藤学著作，钟启泉译

教师教育论丛 · 钟启泉主编

钟启泉部分著作

课程与教学研究新视点丛书·钟启泉主编

更多教育类图书，请登录华东师范大学出版社网站：www.ecnupress.com.cn

图书在版编目（CIP）数据

教师的挑战／（日）佐藤学著;钟启泉译.—上海:
华东师范大学出版社,2012.2
（创智学习）
ISBN 978 - 7 - 5617 - 9324 - 4

Ⅰ.①教… Ⅱ.①佐… ②钟… Ⅲ.①课堂教学-教
学改革-经验-日本 Ⅳ.①G639.313.1

中国版本图书馆 CIP 数据核字(2012)第 029752 号

教师的挑战：宁静的课堂革命

著　者　（日）佐藤学
译　者　钟启泉　陈静静
责任编辑　彭呈军
审读编辑　孟　彬
责任校对　汤　定
装帧设计　卢晓红

出版发行　华东师范大学出版社
社　址　上海市中山北路3663号　邮编200062
网　址　www.ecnupress.com.cn
电　话　021 - 60821666　行政传真 021 - 62572105
客服电话　021 - 62865537　门市(邮购)电话　021 - 62869887
地　址　上海市中山北路3663号华东师范大学校内先锋路口
网　店　http://hdsdcbs.tmall.com

印 刷 者　江苏句容市排印厂
开　本　787×1092　16开
印　张　10.5
插　页　1
字　数　156千字
版　次　2012年5月第1版
印　次　2018年9月第24次
印　数　165001—173100
书　号　ISBN 978 - 7 - 5617 - 9324 - 4/G · 5578
定　价　24.00元

出 版 人　王　焰

（如发现本版图书有印订质量问题,请寄回本社客服中心调换或电话 021 - 62865537 联系）